LE AVVENTURE DI PINOCCHIO

Le avventure di
Pinocchio

adapted as a beginning reader

CARLO COLLODI

Abbreviated and adapted by
G. Abiuso and M. Giglio

Consulting Editor,
Constance Barbantini

National Textbook Company
a division of NTC/CONTEMPORARY PUBLISHING GROUP
Lincolnwood, Illinois USA

ISBN: 0-8442-8023-2

Published by National Textbook Company,
a division of NTC/Contemporary Publishing Group, Inc.,
4255 West Touhy Avenue,
Lincolnwood (Chicago), Illinois 60646-1975 U.S.A.
©1977 by NTC/Contemporary Publishing Group, Inc.
Manufactured in the United States of America.

8 9 ML 9

CONTENTS

INTRODUCTION

This edition of *Le avventure di Pinocchio* has been adapted for beginning students of Italian. The authors have simplified the original language while maintaining the flavor and humor of this Italian classic.

Skill in reading a foreign language is greatly improved if the student has a sound basic knowledge of key words and phrases. In adapting *Le avventure di Pinocchio,* the authors restricted vocabulary to words of high frequency. The present tense is used extensively; the perfect and future tenses are used only in later chapters. Approximately 800 words make up the vocabulary range of this literary adaptation. A list of idioms with English definitions precedes each chapter. For quick and easy reference, a master Italian-English vocabulary is included at the back of the book.

The actions and characters of the original story of Pinocchio have been kept faithfully to charm and delight beginning students of Italian. Students will not only enjoy reading Collodi's great masterpiece, but will also learn about the greatest truths of human behavior narrated through the *birichinate* of Pinocchio.

Simple exercises on the text of each chapter have been introduced with their corresponding answer keys that begin on page 57. Thus, the book has greater flexibility for use with beginning students since the answers serve as immediate reinforcement whether in class as an oral or written activity or at home as independent study. The variety of exercises serves to measure reading comprehension, skill, and proficiency in Italian, and to reinforce vocabulary. Students complete exercises such as supplying short answers in Italian and/or English; filling in missing words; unscrambling sentences; answering *vero* or *falso;* matching adjec-

vii

tives to the appropriate nouns; and completing a crossword puzzle.

Teachers as well as students will enjoy *Le avventure di Pinocchio,* because no one, young or old, should be denied the chance to read and appreciate, *di persona,* one of the greatest classics of literature.

Students will also be captivated by the adventures of the travels of Marco Polo in *Il Milione,* another literary adaptation for beginning students that can be found in the listing of Italian readers published by National Textbook Company in the back of the book.

G. L. and E. ABIUSO
F. and M. GIGLIO

CAPITOLO 1

Mastro Antonio trova un pezzo di legno misterioso

IDIOMATIC EXPRESSIONS

capace di—capable of, able to
lo prende in giro—he is teasing him
di nuovo—again

Nella bottega di Mastro Antonio c'è un pezzo di legno. Mastro Antonio è un vecchio falegname. La gente chiama Mastro Antonio "Mastro Ciliegia" perchè ha sempre il naso rosso.

1

Mastro Antonio vuole fare una gamba di tavolino.

Prende l'accetta ed il pezzo di legno, ma una voce misteriosa grida:

—Per carità, non mi picchiare.

Mastro Antonio ha paura della voce e trema. Guarda intorno, ma non vede nessuno. La bottega è vuota. Il falegname pensa:

—La voce non esiste.

Continua a lavorare e taglia il pezzo di legno. Ma ecco che *di nuovo* la voce misteriosa dice—Ahi! . . . Mastro Antonio ha una grande paura. Cerca in giro la voce, ma non la trova. Allora continua a lavorare. Ma la voce dice *di nuovo*:

—No, non farmi il solletico!

Il vecchio falegname cade a terra per la paura.

Mentre è a terra, qualcuno bussa alla porta.

—Avanti, avanti—dice Mastro Antonio. Un uomo entra nella bottega. È Mastro Geppetto. Mastro Geppetto è vecchio e non ha i capelli, ma una parrucca gialla. I ragazzi cattivi del paese lo chiamano "Polentina" per farlo arrabbiare.

—Buongiorno Mastro Antonio,—dice Mastro Geppetto—che fai a terra?

—Insegno l'aritmetica alle formiche—risponde il falegname.

—Buona fortuna—dice Geppetto—Voglio un favore.

—Che favore vuoi?—domanda Mastro Antonio.

—Voglio costruire un burattino di legno *capace di* ballare, cantare e fare le capriole.

—Bravo Polentina!—dice la voce misteriosa.

Geppetto è arrabbiato. Egli pensa che Mastro Antonio *lo prenda in giro*. Allora Geppetto risponde all'insulto e dice:

—Mastro Ciliegia!

Fra i due scoppia una lite con pugni e calci. Dopo un po' la battaglia finisce. Mastro Antonio ha tra i denti la parrucca gialla di Mastro Geppetto e Mastro Geppetto ha tra le mani la parrucca grigia di Mastro Antonio.

I due vecchi fanno la pace. Mastro Antonio regala a Geppetto il pezzo di legno.

Geppetto ringrazia e ritorna a casa per costruire il suo burattino meraviglioso.

(a) *Rispondete in italiano:—*
1. Dov'è il pezzo di legno?
2. Cosa vuole fare Mastro Antonio con il pezzo di legno?
3. Perchè il vecchio falegname cade a terra?
4. Chi bussa alla porta?
5. Che cosa vuole Mastro Geppetto?
6. Che cosa vuole costruire Mastro Geppetto?
7. Cosa dice la voce misteriosa?
8. Che scoppia fra i due?
9. Che cosa ha tra i denti Mastro Antonio?
10. Cosa regala Mastro Antonio a Geppetto?

(b) *Make a few drawings to illustrate this chapter. Label your drawings in Italian.*

(c) *Fill in the spaces with a suitable word from this list taken from the story:* accetta, burattino, falegname, aritmetica, pace, voce, legno, gamba.
1. Mastro Antonio è il ....
2. Mastro Ciliegia insegna l' ....
3. Ecco l' ....
4. I due vecchi fanno la ....
5. Ecco il ....
6. Geppetto ritorna a casa per costruire il ....

(d) *Unscramble these sentences:*
1. un di di nella Antonio c'è bottega Mastro legno pezzo.
2. naso sempre il ha Mastro rosso Antonio.
3. la Mastro gente lo Ciliegia chiama.
4. misteriosa "Ahi!" la dice voce.
5. ballare vuole capace Mastro di un e le cantare capriole burattino fare Geppetto costruire.

CAPITOLO 2

Geppetto costruisce il burattino e finisce in carcere. Pinocchio uccide il Grillo Parlante e si brucia i piedi

IDIOMATIC EXPRESSIONS

ben presto—in a fairly short time
scappa via di—he runs away from
facciamo i conti—I'll deal with you
tira vento—it is windy
si addormenta—he falls asleep

ha bisogno di—he needs
fa caldo—it is hot

La casa di Geppetto è molto fredda. I mobili sono vecchi e rotti. Geppetto non ha un camino, ma non sente freddo perchè è un uomo felice.

Geppetto prende i ferri e comincia a lavorare. Fa prima la testa, poi i capelli, la fronte e gli occhi. Geppetto ha paura perchè gli occhi lo fissano.

—Brutti occhi di legno, non guardatemi così—dice Geppetto.

Dopo gli occhi fa le guance, la bocca e il mento. Il burattino ride. Geppetto fa le spalle, le braccia e le mani. Le mani del burattino prendono la parrucca di Geppetto.

—Figlio maleducato!—dice Geppetto. *Ben presto* Geppetto finisce il burattino.

Pinocchio impara a camminare, e subito *scappa via di* casa. Sulla strada Pinocchio corre e ride. Geppetto strilla:

—Fermatelo, fermatelo. La gente ride. Infine un poliziotto ferma il burattino. Geppetto prende Pinocchio per la mano e grida:

—A casa *facciamo i conti*!

Pinocchio ha paura delle botte e piange.

Il poliziotto arresta Geppetto e lascia libero Pinocchio. Geppetto va in carcere.

Pinocchio ha fame e torna a casa. A casa vede un grillo sul muro.

—Crì . . . , Crì, canta il grillo.

—Chi sei? . . . Che fai qui?—domanda Pinocchio.

—Io sono il Grillo Parlante. Tu sei un cattivo ragazzo. I ragazzi cattivi sono sempre nei guai.

Pinocchio è molto arrabbiato. Prende un martello e lo tira al Grillo. Il Grillo muore.

Adesso Pinocchio ha molta fame. Cerca qualcosa da mangiare; ma non trova nulla. Allora piange:

—Sono un figlio cattivo—dice Pinocchio tra le lacrime—ho fame, ho fame!

Pinocchio vede un uovo di gallina a terra. Il burattino prende l'uovo. Adesso è contento. Pinocchio rompe l'uovo e trova un pulcino che vola via dalla finestra.

La fame tormenta Pinocchio. Egli esce di casa per chiedere un pezzo di pane. La notte è brutta. Piove e *tira vento*. Le porte delle case sono chiuse.

Pinocchio bussa a una porta. Un vecchio apre la finestra e domanda:

—Chi è? Che volete?

—Voglio un pezzo di pane—dice Pinocchio.

—Aspetta!—risponde il vecchio. Dopo due minuti ritorna e getta un secchio d'acqua sulla testa del burattino.

Povero Pinocchio! Torna a casa bagnato e *si addormenta* vicino al braciere per asciugarsi. Durante la notte i suoi piedi bruciano.

Al mattino Geppetto torna a casa. Pinocchio vuole aprire la porta, ma non può camminare. Allora Geppetto entra dalla finestra e trova Pinocchio a terra. Pinocchio piange per il dolore e per la fame. Il buon Geppetto gli dà tre pere. Dopo Geppetto fa un paio di piedi nuovi a Pinocchio che promette di non scappare più e di andare a scuola.

Ma per andare a scuola Pinocchio *ha bisogno del* vestito e dei libri.

Geppetto fa un vestito di carta fiorita, un cappello di mollica di pane e un paio di scarpe di scorza d'albero. Dopo Geppetto dice a Pinocchio:

—Aspetta qui e non fare il cattivo.

Quando il buon uomo ritorna porta i libri di scuola sotto il braccio, ma non ha la giacca. Fuori nevica e *tira vento*.

—E la giacca, papà?—domanda Pinocchio.

—Non l'ho più.

—Perchè?

—Perchè *fa caldo*.

Pinocchio capisce il sacrificio di Geppetto, lo abbraccia forte forte e gli dà tanti baci.

(a) *Rispondete in italiano:*—
1. Com'è la casa di Geppetto?
2. Descrivete i mobili.
3. Perchè Geppetto non sente freddo?
4. Cosa prende Geppetto?
5. Che fa dopo gli occhi?
6. Perchè dice "Figlio maleducato"?
7. Che fa Pinocchio quando impara a camminare?
8. Che vede Pinocchio sul muro?
9. Perchè tira un martello al Grillo?

(b) *Now answer in English:*—
1. Perchè Pinocchio piange e dice "Ho fame!"?
2. Che c'è nell'uovo?
3. Descrivete la notte quando Pinocchio esce di casa.
4. Perchè Pinocchio è bagnato?
5. Perchè non può aprire la porta a Geppetto?
6. Che cosa promette?
7. Di che ha bisogno per andare a scuola?
8. Dove prende i libri?

(c) *Unscramble these words and write their meaning in English:*—

llirgo, ermloalt, coiman, udectmlaoa, aurrpcac, nmai, cbai, zipliototo, toteb, tteno.

(d) *When you have unscrambled the words, select the most appropriate one to complete these sentences:*—
1. Nella casa di Geppetto c'è un . . . . Parlante.
2. Pinocchio ha paura delle . . . .
3. Geppetto porta la . . . . gialla.
4. Pinocchio dà tanti . . . . a Geppetto.

CAPITOLO 3

Pinocchio vende i libri di scuola per andare al teatro. Ma rischia di morire bruciato quando arriva Mangiafuoco

IDIOMATIC EXPRESSIONS

    ad un tratto—suddenly
    come foglie al vento—like leaves in the wind

Con i libri nuovi, Pinocchio va a scuola. Mentre cammina il burattino pensa:
—A scuola imparo a leggere e a scrivere. Dopo vado a lavo-

8

rare. Con la prima paga compro una giacca a mio padre con i bottoni d'oro e d'argento. Povero papà, fa tanti sacrifici.

Ad un tratto sente un suono di pifferi e di tamburi.

—Che bella musica!—dice. Oggi ascolto la musica e domani vado a scuola. Le scuole non scappano!—

La musica viene dalla piazza. Nella piazza c'è un cartellone:

GRAN TEATRO DEI BURATTINI

Pinocchio domanda a un ragazzo:

—Quanto costa il biglietto?

—Il biglietto costa cinquanta lire.

Pinocchio vende i suoi libri a un mercante, per comprare il biglietto.

A casa, intanto, Geppetto trema dal freddo perchè non ha più la giacca.

Pinocchio entra nel Teatro dei Burattini. Sulla scena Arlecchino e Pulcinella litigano. Il pubblico ride. *Ad un tratto* Arlecchino vede Pinocchio nella platea.

—Mamma mia, quello è il nostro fratellino Pinocchio! Vieni con noi, vieni qui!—grida Arlecchino.

All'invito di Arlecchino Pinocchio salta come un acrobata e finisce sulla testa del direttore d'orchestra. Con un altro salto è tra i suoi fratelli di legno.

I burattini non recitano più e il pubblico protesta:

—Vogliamo la commedia!

A questo punto arriva il burattinaio, Mangiafuoco. Che paura ragazzi! Mangiafuoco è alto e brutto. Ha una lunga barba, più nera dell'inchiostro. La bocca sembra un forno, gli occhi sono rossi e le mani reggono una frusta fatta di serpenti.

All'arrivo di Mangiafuoco, i burattini tremano *come foglie al vento*.

Il burattinaio prende Pinocchio e con la sua voce d'orco gli domanda:

—Perchè disturbi la mia commedia?

—Non è colpa mia, risponde Pinocchio.

—Non dire un'altra parola. Stasera facciamo i conti; dice Mangiafuoco.

Dopo la commedia, Mangiafuoco chiama Arlecchino e Pulcinella e dice loro:

—Portate qui Pinocchio.

Sul camino in cucina arrostisce un bel montone per cena.

—Non ho legna per il fuoco. Pinocchio è di legno, lo metto sul fuoco—borbotta Mangiafuoco.

Quando Pinocchio capisce che deve morire sul fuoco comincia a piangere e a gridare:

—Papà, papà mio, aiutami! Non voglio morire, non voglio morire.

PINOCCHIO'S WORKSHOP

(a) *Rispondete in italiano:—*

1. Mentre va a scuola, che sente ad un tratto Pinocchio?
2. Da dove viene la musica?
3. Quanto costa il biglietto del teatro?
4. Che fa Pinocchio per comprare il biglietto?
5. Chi vede Arlecchino nella platea?
6. Cosa grida Arlecchino a Pinocchio?
7. Chi arriva? Come si chiama?
8. Perchè fa paura Mangiafuoco?
9. Che arrostisce in cucina per cena?
10. Perchè Pinocchio comincia a gridare:—Papà, papà mio, aiutami?

(b) *Write the English word in Italian, to make these sentences complete:—*

1. Mentre (he is walking), Pinocchio (thinks) a tante belle cose.
2. Pinocchio (asks) a un ragazzo quanto (costs) il biglietto.
3. A casa Geppetto (is trembling) dal freddo.
4. Geppetto (he has not) più la giacca.
5. Pinocchio (he enters) nel Teatro dei Burattini.

10

(c) *Unscramble these words.*
ibrli, ffepiir, murtbai, sumcai, troate, geleegr, lttgoeibi, tnitariub, ltraceelon, gnoel, usacol, zpazia, ceov, nevot.

(d) *When you unscramble the words, from your answers find the ones that will correspond to these clues:—*
1. Pinocchio li sente suonare mentre va a scuola.
2. Pinocchio li vende per andare al Teatro dei Burattini.
3. Non recitano più quando vedono Pinocchio.
4. Pinocchio è fatto di questo materiale.

CAPITOLO 4

Mangiafuoco perdona Pinocchio, e gli dà cinque monete d'oro. Ma Pinocchio incontra la Volpe e il Gatto

IDIOMATIC EXPRESSIONS

in fondo—deep down
fuori pericolo—out of danger
smetti di piangere—stop crying
mi sento male—I feel sick
al posto di—in place of

si getta ai piedi di—he throws himself at the feet of
passano la notte—they spend the night
ha freddo—he is cold
non farmi ridere—don't make me laugh

Mangiafuoco sembra molto cattivo, ma *in fondo* è buono.
Quando sente urlare Pinocchio, Mangiafuoco lancia uno
starnuto.

Arlecchino dice all'orecchio di Pinocchio:

—Coraggio, quando Mangiafuoco è commosso comincia a
starnutire; sei *fuori pericolo*.

Mangiafuoco lancia altri starnuti e dice a Pinocchio:

—*Smetti di piangere*. Quando piangi *mi sento male*. Dove sono
i tuoi genitori?

—Mio padre è a casa, ma non ho madre.

—Povero uomo tutto solo a casa. Ti perdono. Poliziotti, prendete Arlecchino e gettatelo nel fuoco *al posto di* Pinocchio. Il
mio montone dev' essere arrostito bene.

Subito Pinocchio *si getta ai piedi del* burattinaio e dice:

—Pietà, signor Mangiafuoco, non gettate mio fratello Arlecchino nel fuoco.

—È' impossibile, il mio montone dev' essere arrostito bene.

—In questo caso, conosco il mio dovere. Voglio morire *al
posto di* Arlecchino—dice Pinocchio.

Tutte le marionette piangono. Mangiafuoco lancia un altro
starnuto e dice:

—Pinocchio, sei un bravo ragazzo. Anche la vita di Arlecchino è risparmiata.

Pinocchio molto contento bacia Mangiafuoco sulla punta
del naso.

Quando le marionette vedono che Pinocchio e Arlecchino
sono sani e salvi organizzano una bella festa e *passano la
notte* a cantare e ballare.

La mattina dopo Mangiafuoco chiama Pinocchio e gli
domanda notizie di suo padre.

—Come si chiama tuo padre?

—Geppetto.

—Che lavoro fa?

—Il povero.

—Guadagna molto?

—No, non ha mai una lira in tasca.

—Povero uomo. Ecco cinque monete d'oro. Torna a casa e porta il denaro a tuo padre.

Pinocchio ringrazia Mangiafuoco, bacia tutte le marionette e torna a casa.

Per la strada incontra una Volpe zoppa e un Gatto cieco.

—Buongiorno Pinocchio—dice la Volpe.

—Come conosci il mio nome?—domanda il burattino.

—Sono amica di tuo padre—risponde la Volpe.

—Come sta mio padre?—domanda Pinocchio.

—Il povero uomo *ha freddo* perchè non ha la giacca.

—Povero papà. Ora gli porto cinque monete d'oro.

—Cinque monete d'oro? *Non farmi ridere*—dice la Volpe, e comincia a ridere. Anche il Gatto ride.

Allora Pinocchio mostra le cinque monete d'oro. Al suono delle monete la Volpe muove la zampa rotta e il Gatto apre gli occhi ciechi.

—Che cosa vuoi fare con quelle monete?—domanda la Volpe.

—Voglio comprare una giacca per mio padre e i libri di scuola—risponde Pinocchio.

—Non andare a scuola—dice la Volpe—Io per andare a scuola adesso sono zoppa.

—E io sono cieco, dice il Gatto.

—Lo studio è un brutto vizio—continua la Volpe.

Quando i tre arrivano vicino alla casa di Pinocchio la Volpe dice:

—Se vieni con noi le tue cinque monete possono diventare duemilacinquecento.

—Duemilacinquecento? E come?—domanda Pinocchio.

—Vieni con noi al Paese dei Barbagianni. Lì c'è il Campo dei Miracoli. Ogni cosa che pianti cresce cinquecento volte.

—Che bello!—grida Pinocchio pieno d'allegria. Il birichino dimentica subito suo padre e i libri di scuola e dice alla Volpe e al Gatto:

—Andiamo, vengo con voi.

PINOCCHIO'S WORKSHOP

(a) *Rispondete alle domande:—*

1. Che fa Mangiafuoco quando è commosso?
2. Che dice Mangiafuoco a Pinocchio?
3. Che dice Pinocchio quando si getta ai piedi di Mangiafuoco?
4. Perchè Pinocchio è un bravo ragazzo?
5. Che fanno le marionette quando vedono che Pinocchio e Arlecchino sono salvi?
6. Che dà Mangiafuoco a Pinocchio?
7. Chi incontra Pinocchio mentre torna a casa?
8. Che è lo studio per la Volpe?
9. Le cinque monete d'oro dove possono diventare duemilacinquecento?
10. Che cosa dimentica Pinocchio per andare con la Volpe e il Gatto?

(b) *From the stories in Chapters 3 and 4, find the expressions which mean the following:—*

1. We want the comedy! 2. It's not my fault! 3. Bring Pinocchio here! 4. Daddy, help me! 5. Stop crying! 6. Take Arlecchino! 7. Throw him in the fire! 8. Return home! 9. Take the money to your father! 10. Don't go to school! 11. Come with us! 12. Let's go! I am coming with you!

CAPITOLO 5

Pinocchio esce dall'osteria del Gambero Rosso e incontra gli assassini

IDIOMATIC EXPRESSION

continua per la sua strada—continues along his way

Molto stanchi i tre arrivano all'osteria del Gambero Rosso:
—Mangiamo e riposiamo qui. A mezzanotte ripartiamo per
andare al Campo dei Miracoli—dice la Volpe.

La Volpe e il Gatto mangiano due galline e trenta pesci e
Pinocchio mangia solamente un pezzo di pane e una noce.

Dopo prendono due camere, una per Pinocchio, e l'altra per la Volpe e il Gatto.

Nel suo letto Pinocchio fa un bel sogno. Sogna di raccogliere tante monete d'oro da un grande albero.

A mezzanotte l'oste sveglia il burattino e gli dice che i suoi compagni l'aspettano al Campo dei Miracoli.

—Chi paga la cena? domanda Pinocchio.

—Tu paghi la cena,—risponde l'oste—la Volpe e il Gatto non ti vogliono offendere.

Pinocchio paga una moneta d'oro ed esce dall'osteria.

Fuori la notte è così buia che Pinocchio non può vedere la punta del suo naso. Ad un tratto vede su un albero una luce. È l'ombra del Grillo Parlante.

—Perchè sei qui?—domanda Pinocchio.

—Perchè voglio darti un consiglio:—Ritorna subito da Geppetto.

—No, non voglio tornare adesso. Voglio diventare ricco.

—Non ascoltare gli imbroglioni. Torna da tuo padre.

—No, voglio andare avanti.

—Buona notte Pinocchio e buona fortuna contro gli assassini.

Il Grillo Parlante svanisce nella notte e Pinocchio *continua per la sua strada.*

—Quali assassini! Io non credo agli assassini. Gli assassini non esistono—pensa Pinocchio.

Mentre Pinocchio ragiona in questa maniera, sente un rumore di foglie dietro di lui. Due figuracce avvolte in due sacchi lo seguono.

Pinocchio nasconde le quattro monete in bocca e comincia a scappare. Ma subito gli assassini lo prendono e gli dicono:
—O la borsa o la vita.

Pinocchio non apre la bocca perchè ha paura di perdere le monete.

—Se non ci dai le monete uccidiamo prima te e poi tuo padre—dice il più alto dei due assassini.

—No, no, no, non uccidete mio padre!—grida Pinocchio.

Quando Pinocchio grida, le monete suonano in bocca.

—Imbroglione! Hai le monete in bocca—dice un assassino.

I due cercano di aprire la bocca di Pinocchio. Pinocchio azzanna la mano dell'assassino più piccolo. Ma invece di una mano il burattino sputa uno zampetto di gatto.

Allora Pinocchio comincia a fuggire per la campagna. Dopo quindici chilometri, Pinocchio è stanco. Quando vuole gettarsi a terra e arrendersi, il burattino vede tra gli alberi una casetta bianca come la neve.

PINOCCHIO'S WORKSHOP

(*a*) *Rispondete in italiano:*—

1. Dove riposano i tre quella sera?
2. Che cosa mangiano la Volpe e il Gatto? E Pinocchio?
3. Quante camere prendono?
4. Chi paga la cena?
5. Quando Pinocchio esce fuori, com'è la notte?
6. Che c'è su un albero?
7. Che consiglio dà il Grillo Parlante a Pinocchio?
8. Chi incontra Pinocchio mentre cammina per la strada?
9. Chi sono gli assassini?
10. Quanti chilometri fa Pinocchio quando fugge dagli assassini?

(*b*) *Un cruciverba. (Rispondete in italiano.)*

Orizzontali

1. Onorevole (abb.).
3. She is lame in Ch. 4.
8. I am.
12. "To the"—in Italian.
14. Gran Turismo Italiano (inits.).
17. Terni (inits.).
19. Ufficio del Turismo Nazionale (inits.).
22. Repubblica (abb.).
26. He is blind in Ch. 4.
31. "the" before "casa".
33. Rimini (abb.).

1	2	■	3	4	5	6	7	■	■
8	9	10	11	■	12	13	■	14	15	16
17	18	■	19	20	21	■	22	23	24
25	■	26	27	28	29	30	■	31	32	■
33	34	■	35	36	37	38	39	■	40	41
42	■	43	44	■	45	46	47	48	49
50	51	52	53	54	55	56	57	58	59	■
■	60	61	62	63	64	65	66	■	67
68	69	■	70	■	71	■	72	73	74
75	■	76	77	78	79	■	80	81	82

35. Blind.
40. Television (abb. in English and in Italian).
43. Avanti Cristo.
45. Though our puppet is wooden, his heart is human.
50. Mangiafuoco wants to burn him to cook his supper (Ch. 4).
60. Mastro Ciliegia's real name.
67. Roman letter for fifty.
68. Yes.
72. Geppetto's buttons were to be of argento and . . .
76. Pinocchio's was long and pointed.
80. How many assassins are there?

Verticali

1. Where the three stop to rest in Ch. 5.
2. Not.
5. A drink good for everybody.
6. Our hero.
15. Pinocchio sells his books to go here.
16. Istituto Poligrafico (inits.).

19

19. Ufficio Telefonico Italiano (inits.).
27. Mastro Ciliegia works with this in Ch. 1.
39. Organizzazione Ufficiale Italiana degli Oblati (inits.).
41. Venezia (or Vostra Eccellenza).
47. As for 1 orizzontali.
51. Radio Audizioni Italiane (abb.).
54. Como (abb.).
55. Cuneo (abb.).
67. We use it for "the" before words like "zuccone", "zam-petto".
68. Sua Altezza.
73. Reggio Emilia (or King).

CAPITOLO 6

Gli assassini impiccano Pinocchio ma
la Fata Azzurra lo salva.
Pinocchio dice una bugia e, per castigo,
il suo naso cresce

IDIOMATIC EXPRESSIONS

in quel momento—at that moment
fa morire di crepacuore suo padre—he is making his father
die of a broken heart

21

lo stringe alla gola—is choking him
è segno che—it is a sign that

—Per salvarmi debbo arrivare a quella casa bianca—pensa
Pinocchio.

E, dopo due ore di corsa, arriva, molto stanco, alla casa
bianca. Bussa alla porta. Una bella bambina si affaccia e dice:
—In questa casa non c'è nessuno perchè sono tutti morti.

—Apri tu allora—risponde Pinocchio.

—Sono morta anch'io—dice la bambina e richiude la finestra.

In quel momento arrivano gli assassini che prendono Pinocchio per il collo e lo legano.

—Dunque—gli domandano minacciosamente—Vuoi aprire
la bocca?

Ma Pinocchio non vuole dare le monete agli assassini. Gli
assassini, stanchi di aspettare, lo impiccano a un ramo della
Grande Quercia.

—Arrivederci a domani. Prima di morire, non dimenticare
di aprire la bocca—dicono i due assassini e vanno via.

Un vento forte e freddo comincia a sbattere Pinocchio
contro i rami. La corda *lo stringe alla gola.*

Pinocchio dice:

—Oh papà mio, perchè non sei qui per aiutarmi?

In quel momento la bella bambina riapre la finestra e vede
il povero Pinocchio impiccato all'albero.

Allora chiama un grosso falco e gli dice:

—Vedi quel burattino attaccato ad un ramo della Grande
Quercia?

—Sì, lo vedo.

—Vola laggiù e rompi la corda con il tuo becco.

Dopo la bambina chiama Medoro, il cane barbone, e lo
manda a prendere Pinocchio in una bella carrozza. Cento topi
bianchi tirano la carrozza.

Dopo un quarto d'ora Pinocchio è a letto nella casa della
bambina che è realmente la Fata Azzurra. Tre medici famosi

vengono a visitare il burattino malato: un Corvo, una Civetta e il Grillo Parlante.

La Fata domanda ai dottori:

—Come sta Pinocchio? È vivo o morto?

Il Corvo va vicino al letto e dice:

—Il burattino è morto, ma se non è morto, allora è vivo.

—Mi dispiace—dice la Civetta,—ma il burattino è vivo, ma se non è vivo allora è morto.

Poi parla il Grillo Parlante.

—Io conosco quel burattino. È un monellaccio, uno svogliato, un vagabondo. Quel burattino *fa morire di crepacuore suo padre.*

A questo punto tutti sentono un gran pianto e guardano Pinocchio.

—Quando il morto piange, *è segno che* è vivo,—dice il Corvo.

—Mi dispiace,—dice la Civetta—quanto il morto piange, è segno che non vuol morire.

I tre medici famosi vanno via. La Fata prende una medicina e la dà a Pinocchio.

—Bevi questa, hai una gran febbre.

Pinocchio prende il bicchiere e domanda:

—Com'è la medicina, amara o dolce?

—Amara—risponde la Fatina Azzurra.

—Allora non la bevo.

—Se bevi la medicina ti do una pallina di zucchero.

—Prima la pallina di zucchero e poi la medicina—risponde Pinocchio.

La Bambina gli dà lo zucchero. Pinocchio lo mangia, ma dopo non vuol bere la medicina.

—Bevi, la tua malattia è grave—insiste la Fata—puoi morire.

—Non ho paura della morte. È meglio morire che bere la medicina.

A questo punto quattro conigli neri entrano nella camera.

—Siamo venuti a prenderti, dice il coniglio più alto,—sei quasi morto.

23

—No, non voglio morire,—grida Pinocchio. Prende il bicchiere e beve la medicina.

Dopo alcuni minuti Pinocchio è guarito. Allora racconta alla Bambina la sua storia e come gli assassini *lo volevano** impiccare per prendere le sue monete.

—Dove sono le monete adesso?—domanda la Fata.

Pinocchio risponde che non ha più le monete. Allora il suo naso cresce.

La Bambina ride.

—Perchè ridi? domanda Pinocchio.

—Perchè dici le bugie. Per questo, il tuo naso cresce.

Pinocchio allora comincia a piangere. Alla fine la Fatina lo perdona e il naso del burattino ridiventa normale.

PINOCCHIO'S WORKSHOP

(*a*) *Rispondete alle domande:—*

1. Chi c'è nella casa bianca?
2. Perchè Pinocchio non apre la bocca?
3. Dove impiccano Pinocchio gli assassini?
4. Perchè Pinocchio chiama il suo papà?
5. Chi aiuta Pinocchio?
6. Chi sono il Corvo, la Civetta e il Grillo Parlante?
7. Che dà la Fatina Azzurra a Pinocchio quando egli non vuole bere la medicina?
8. Chi sono i quattro conigli neri?
9. Perchè entrano nella camera?
10. Che fa Pinocchio?
11. Che racconta alla Fata Azzurra?
12. Perchè cresce il suo naso?

(*b*) *Select a word from this list to describe the words below (remember to put the describing word second, and to make it match):—*

esempio: il burattino *malato*, la casa *bianca*.

* wanted.

24

bianca, stanco, chiusa, minacciosi, stanchi, forte, freddo, bianchi, Azzurra, famosi, vivo, amara, dolce, neri, lungo.

1. la casa . . . .
2. una finestra . . . .
3. gli assassini . . . .
4. un vento . . . .
5. la medicina . . . .
6. tre medici . . . .
7. la Fata . . . .
8. i topi . . . .
9. quattro conigli . . . .
10. un burattino . . . .
11. due assassini . . . .
12. lo zucchero . . . .
13. il tempo . . . .
14. il burattino . . . .
15. un naso . . . .

CAPITOLO 7

Pinocchio incontra di nuovo la Volpe e il Gatto e finisce in prigione. Dopo quattro mesi esce ma è preso dalla tagliola

IDIOMATIC EXPRESSIONS

di nuovo—again
per poco non mi impiccavano—they very nearly hanged me!
a due passi—within a stone's throw

—Come sei buona, fatina mia,—dice Pinocchio—ti voglio molto bene.

—Ti voglio bene anch'io—risponde la Fata. Rimani con me e sarai il mio fratellino.

—Io resterò, ma mio padre?

—Verrà stasera—risponde la Fata.

—Davvero?—grida Pinocchio,—lo voglio incontrare sulla strada, povero papà!

—Ebbene, va, ma non perderti,—risponde la Fatina.

Sotto la Grande Quercia Pinocchio incontra la Volpe e il Gatto.

—Ecco il nostro amico Pinocchio!—grida la Volpe.

—Come mai sei qui?—domanda il Gatto.

—È una lunga storia—risponde Pinocchio—Ho incontrato gli assassini. *Per poco non mi impiccavano!* Volevano le mie monete d'oro.

—In che mondo viviamo, noi galantuomini!—esclama la Volpe.

—E le tue monete d'oro?—domanda il Gatto.

—Le ho ancora in tasca.

—Bravo Pinocchio, adesso andiamo al Campo dei Miracoli e domani sarai ricco.

—Sì, andiamo, vengo con voi. Ma dov'è il Campo dei Miracoli?—domanda Pinocchio.

—È qui *a due passi*—risponde la Volpe.

Dopo una lunga camminata, i tre arrivano al campo.

Subito Pinocchio scava una buca. Dopo mette le monete nella buca e la ricopre con la terra.

—Ora è tutto finito—dice la Volpe.—Andiamo via. Torna fra venti minuti e troverai un bell'albero con i rami carichi di monete.

Pinocchio molto contento ringrazia la Volpe e il Gatto, e va via. Gli altri due augurano a Pinocchio una buona raccolta e vanno via.

Dopo venti minuti Pinocchio ritorna al Campo. Mentre cammina pensa di essere già ricco. Arrivato sul posto non vede nessun albero carico di monete. C'è solo un pappagallo che comincia a ridere.

—Perchè ridi?—domanda Pinocchio.

—Rido di te—risponde il Pappagallo—La Volpe e il Gatto sono tornati, hanno preso le monete d'oro e sono scappati.

Pinocchio corre subito in città a denunciare il furto. Ma il giudice, uno scimmione della razza dei Gorilla, lo manda in prigione. Due cani mastini prendono Pinocchio e lo portano in cella. Pinocchio protesta ma il carceriere lo lascia libero solo dopo quattro mesi di prigione.

Immaginate la gioia di Pinocchio quando il carceriere apre la porta della cella.

Pinocchio corre e corre per arrivare a casa della Fatina. Mentre corre pensa: Quante disgrazie mi sono capitate. Sono un burattino cattivo. Ma da oggi farò il buono.

Lungo la strada sente i morsi terribili della fame. Allora salta in un campo per raccogliere dell'uva. Arriva sotto la vite, ma . . . crac! due ferri taglienti stringono le gambe di Pinocchio.

Il povero burattino è preso da una tagliola. Il contadino ha messo la tagliola per prendere delle faine che sono il flagello di tutti i pollai del vicinato.

PINOCCHIO'S WORKSHOP

(a) *Rispondete in italiano:*—

1. Chi vuole incontrare Pinocchio?
2. Invece chi incontra? Dove?
3. Dove sono le monete d'oro di Pinocchio?
4. Dove vanno il Gatto e la Volpe con Pinocchio?
5. Che fa Pinocchio al Campo dei Miracoli?
6. Dopo quanti minuti ritorna Pinocchio al Campo?
7. Che vede quando ritorna al Campo?
8. Perchè ride il Pappagallo?
9. Quanti mesi resta in prigione Pinocchio?
10. Perchè salta in un campo per raccogliere dell'uva?
11. Da che cosa è preso il povero Burattino?

"Sì" o "No".

(*b*) Write full answers to these questions, first by answering "sì", then by answering "no", then ask your friends to answer them.

    esempio: Pinocchio incontra di nuovo gli imbroglioni?

        (i) Sì, Pinocchio incontra di nuovo gli imbroglioni.

        (ii) No, Pinocchio non incontra di nuovo gli imbroglioni.

1. La Fatina è buona?
2. Pinocchio vuole bene alla Fatina?
3. Pinocchio risponde alla Fata Azzurra?
4. I tre arrivano al Campo dei Miracoli?
5. Pinocchio ritorna al Campo dopo venti minuti?
6. Pinocchio trova Geppetto a casa della Fatina?

(*c*) *Complete these sentences by writing the English words in Italian:—*

1. Pinocchio dice alla Fata—(I love you).
2. Anche la Fata (loves Pinocchio).
3. Pinocchio sarà (the Fata's little brother).
4. Il papà di Pinocchio (will come tonight).
5. Pinocchio vuole incontrarlo (on the road).

CAPITOLO 8

Pinocchio fa il cane da guardia ma è'
rimesso in libertà. Piange la morte
della Bambina. Poi si getta in
mare per aiutare Geppetto

IDIOMATIC EXPRESSIONS

rimesso in libertà—set free
al buio—in the dark
cane da guardia—watchdog
mi sta bene—it serves me right
leva il collare a—he takes the dog collar from

al posto di—in place of
per colpa di—on account of

Pinocchio adesso è solo *al buio* in mezzo ai campi. Nel buio
Pinocchio sente un rumore di passi.

—Ah, ladro!—dice il contadino arrabbiato—sei tu che rubi
le galline?

—No, io no!—grida Pinocchio.—Io sono entrato nel campo
per prendere due grappoli d'uva.

—Chi ruba l'uva può rubare anche i polli. Adesso ti darò una
lezione.

Il contadino libera il burattino e lo porta nel casotto di legno
del cane. Poi infila un collare al collo di Pinocchio e dice:

—Adesso farai il *cane da guardia* e quando i ladri arriveranno,
abbaierai forte.

Rimasto solo Pinocchio comincia a pensare.

—*Mi sta bene*, ho voluto fare il vagabondo, sono andato con
i cattivi compagni e adesso debbo fare il cane da guardia.

Dopo queste parole entra nel casotto e si addormenta.

Dopo due ore, arrivano due faine. Una va alla porta del
casotto e dice:

—Buona sera, Melampo.

—Io non mi chiamo Melampo—risponde il burattino.

—E chi sei?

—Sono Pinocchio e faccio il cane da guardia.

—Dov'è il cane Melampo?

—È morto questa mattina.

—Povero cane. Però tu puoi fare come Melampo—dice la
faina.

—Che cosa debbo fare?—domanda Pinocchio.

—Quando noi rubiamo le galline tu non abbaiare; dopo noi
ti daremo una gallina per ricompensa—

—Va bene,—risponde Pinocchio.

Le faine vanno nel pollaio. Ma Pinocchio chiude subito la
porta del pollaio e comincia ad abbaiare. Il contadino salta
dal letto e corre da Pinocchio.

—Che cosa c'è?—domanda al burattino.

—Ci sono due ladri—risponde Pinocchio.

—Dove sono?

—Nel pollaio.

Il contadino prende le faine, le chiude in un sacco e dice:

—Finalmente siete nelle mie mani! Domani vi venderò al mercato del paese.

Dopo il contadino ringrazia Pinocchio.

—Bravo ragazzo! per ricompensa ti lascio libero. Torna a casa.—Poi il contadino *leva il collare a* Pinocchio.

Pinocchio, molto felice, comincia a correre per andare dalla Fatina. Però quando arriva a casa della Fata, *al posto* della casa, trova una piccola pietra di marmo con queste parole:

QUI GIACE

LA BAMBINA DAI CAPELLI AZZURRI

MORTA DI DOLORE

PER ESSERE STATA ABBANDONATA

DAL SUO FRATELLINO PINOCCHIO

Pinocchio capisce il significato della pietra e comincia a piangere e a gridare:

—O Fatina mia, perchè sei morta? perchè non sono morto io? E mio padre Geppetto dove sarà? Ora che ho perduto il mio babbo e la mia sorellina voglio morire anche io! . . . Hi, hi, hi.

In quel momento arriva un colombo e domanda a Pinocchio:

—Ragazzo, hai visto un burattino che si chiama Pinocchio?

—Pinocchio sono io!

—Conosci Geppetto?

—Geppetto è mio padre.

—Allora ascolta. Geppetto ha fabbricato una barchetta per attraversare l'Oceano. Il povero uomo ti cerca.

—Voglio andare subito a trovare mio padre!

—Allora vieni, salta sulla mia groppa, ti porterò sulla spiaggia.

Dopo una giornata e una nottata di volo il colombo posa Pinocchio sulla spiaggia.

Molte persone sulla spiaggia guardano verso il mare.

Una barchetta con un uomo dentro naviga sulle onde grosse, poi viene una terribile ondata e la barca va sott'acqua e sparisce:

—Povero uomo, muore *per colpa del* figlio. In quel momento la gente sente la voce di Pinocchio che dice:

—Voglio salvare mio padre!

Pinocchio si getta in mare e sparisce.

—Povero ragazzo—dicono i pescatori—andiamo a dire una preghiera per lui.

PINOCCHIO'S WORKSHOP

(*a*) *Rispondete bene:*—

1. Di chi sono i passi che sente Pinocchio?
2. Che dice il contadino arrabbiato a Pinocchio?
3. Dove porta Pinocchio?
4. Chi cercano le due faine?
5. Che non deve fare Pinocchio quando le faine rubano le galline?
6. Ma Pinocchio che fa?
7. Che fa il contadino per ricompensa?
8. Qual'è il significato della pietra di marmo?
9. Che cosa ha fabbricato Geppetto? Perchè?
10. Chi porta Pinocchio sulla spiaggia?

"Vero" o "Falso".

(*b*) If the statement is true, write *vero,* if false, *falso.*

1. Pinocchio è solo in una foresta.
2. Pinocchio è entrato per prendere due grappoli d'uva.
3. Il contadino dà una lezione d'aritmetica a Pinocchio.
4. Il contadino infila un collare nelle gambe di Pinocchio.
5. Pinocchio deve fare il cane da guardia.

33

6. Pinocchio s'addormenta nel casotto.
7. Le faine arrivano dopo dieci ore.
8. Melampo è il nome del contadino.
9. Quando Pinocchio abbaia, il contadino corre a vedere chi c'è.
10. Il contadino mette le faine in un sacco e le vende.
11. Pinocchio comincia a correre per andare al Campo dei Miracoli.
12. La Fata Azzurra è al Campo dei Miracoli.

(c) *Unscramble these words:*—

aatf, iubo, maipc, ienzleo, sasip, pargploi, ruomer, tconodian, lgaenil, tscaoot, genol, naec, drail, ooaadngbv, aolpre, trpao, cocas, tleto, niam, giagpsai.

CAPITOLO 9

Pinocchio ritrova la Fata e promette di
fare il buono, ma invece di andare a
scuola un giorno va a vedere il pescecane

IDIOMATIC EXPRESSIONS

 a poco a poco—slowly, gradually
 chiedere la carità—to beg (for alms)
 ti ricordi di me?—do you remember me?
 prendono in giro—they tease, or make fun of Pinocchio
 vogliono bene a—they love
 quanto tempo ci vuole—how long will it take

Pinocchio nuota tutta la notte sotto la grandine, la pioggia e i lampi, ma non vede più Geppetto. Alla fine, una forte ondata lo sbatte su una spiaggia deserta.

A poco a poco il cielo schiarisce, il sole splende di nuovo e il mare diventa calmo come l'olio.

Il burattino mette i panni al sole ad asciugare e pensa:—Povero me, sono solo su una spiaggia deserta. Ad un tratto vede passare vicino alla riva un grosso pesce con la testa fuori dell'acqua.—Ehi! signor Pesce—grida Pinocchio—permette una domanda?

—Anche due—risponde il pesce.

—Che strada devo prendere per arrivare al paese più vicino?

—Gira a sinistra e poi cammina sempre dritto.

—Non hai visto per caso una barca con dentro un vecchietto?

—No, ma forse l'ha mangiata il grosso pescecane.

—Mamma mia—grida Pinocchio, e subito prende la strada per arrivare al paese.

Dopo mezz'ora arriva al paese delle "Api Industriose", dove tutti lavorano.

—Ho capito, questo paese non è per me—borbotta Pinocchio, ma ha fame e vuole mangiare. Allora comincia a chiedere la carità a tutti quelli che passano. Ma il pigro burattino riceve sempre la stessa risposta:—Non ti vergogni di *chiedere la carità*? Cerca un lavoro e guadagna il pane.

Dopo Pinocchio vede passare una donnina. Pinocchio l'aiuta a portare due pesanti brocche d'acqua. Arrivati a casa la donnina prepara un bel pranzo. Mentre mangia, Pinocchio guarda la donnina. Ad un tratto spalanca gli occhi e grida:

—Tu somigli alla mia Fatina. Hai gli stessi capelli, gli stessi occhi.

Poi il burattino si getta a terra e abbraccia i ginocchi della donnina misteriosa.

—*Ti ricordi di me?* mi hai lasciato bambina, ora mi ritrovi donna. Adesso posso essere tua madre.

—Meglio così—dice Pinocchio—invece di sorellina ti chia-

36

merò "mamma" come tutti gli altri ragazzi. Ma come hai fatto a crescere così presto?

—È un segreto!

—Voglio crescere anch'io—grida Pinocchio.

—Tu non puoi crescere, perchè i burattini non crescono mai—replica la Fata.

—Oh! sono stanco di fare il burattino. Voglio diventare un ragazzo come tutti gli altri.

—Diventerai un ragazzo quando studierai, ubbidirai, lavorerai, dirai la verità e andrai a scuola.

—Va bene, farò così—, risponde Pinocchio,—ma dopo potrò anche rivedere mio padre?

—Credo di sì,—dice la Fata.

—Come sei buona, perchè mi hai perdonato?

—Perchè sei un ragazzo di buon cuore, anche se sei un monello qualche volta. Anzi da domani comincerai ad andare a scuola e dopo imparerai un'arte o un mestiere.

—Ma adesso è troppo tardi per cominciare la scuola, ci andrò il prossimo anno.

—Non è mai tardi per imparare. Ricordati che le persone che non lavorano finiscono sempre in carcere o all'ospedale. L'ozio è una bruttissima malattia.

—Allora studierò, perchè voglio diventare un ragazzo per bene,—decide Pinocchio.

A scuola i ragazzi cattivi *prendono in giro* Pinocchio. Uno gli tira il berretto e la giacca, un altro gli lega le mani e i piedi. Alla fine Pinocchio reagisce e dà un calcio a uno e una gomitata ad un altro. Da quel momento tutti i ragazzi rispettano e *vogliono bene a* Pinocchio.

Il maestro loda il burattino perchè studia molto. Però Pinocchio ha ancora il difetto di andare con i ragazzi cattivi. Un giorno sette di questi ragazzi lo chiamano:—Sai che al mare è arrivato un pescecane grosso come una montagna. Perchè non vieni con noi a vedere?

—No, voglio andare a scuola.

—A scuola? No, a scuola andrai domani.

—E il maestro che dirà?—domanda Pinocchio.

—Il maestro è pagato per brontolare tutto il giorno.

—E mia madre?

—Tua madre non saprà nulla.

—*Quanto tempo ci vuole* per arrivare alla spiaggia?—domanda, incuriosito Pinocchio.

—In un' ora andiamo e ritorniamo—rispondono i ragazzi.

—Va bene, andiamo. Vediamo chi arriva prima alla spiaggia—
grida Pinocchio, e comincia a correre come il vento.

PINOCCHIO'S WORKSHOP

(*a*) *Rispondete in italiano:*—

1. Quanto tempo nuota Pinocchio?
2. Che tempo fa?
3. Pinocchio vede Geppetto?
4. Dove finisce Pinocchio?
5. Chi vede passare vicino alla riva?
6. Che domanda fa Pinocchio al pesce?
7. Perchè al paese delle "Api Industriose" Pinocchio borbotta:—Questo paese non è per me?
8. Perchè comincia a chiedere la carità?
9. Che deve cercare e guadagnare?
10. Chi è la donnina misteriosa?
11. Perchè Pinocchio vuole diventare un ragazzo come tutti
    gli altri?
12. Quando diventerà un ragazzo?

(*b*) *Now answer in English:*—

1. What does Pinocchio call the Fairy instead of "little
   sister"?
2. Why did the Fairy forgive him?
3. Why does Pinocchio say he will go to school next year?
4. What does the Fairy say is a nasty illness?
5. Describe how the naughty boys at school make fun of
   Pinocchio?

6. How does Pinocchio win the boys' respect and that of the teacher?
7. One day, what do the naughty boys suggest to Pinocchio?
8. Does Pinocchio agree? Why do you think he did so?

(c) *To fill in the blanks in the following sentences, find the most appropriate word from this list:—*

il vecchio padre, un grosso pescecane, a scuola, i ragazzi cattivi, alla spiaggia, un buono studente.

1. Studiamo e impariamo . . . .
2. Pinocchio cerca . . . . in una barca nel mare.
3. Forse è stato mangiato da . . . .
4. Pinocchio è . . . . ma ha il difetto di andare con . . . .
5. Un giorno, invece di andare . . . . vanno . . . . per vedere . . . .

(d) *Complete these sentences by writing the English words in Italian.*

1. Il burattino (swims) tutta la notte.
2. Una forte ondata (throws) Pinocchio su una spiaggia deserta.
3. Il sole (shines) e il mare (becomes) calmo.
4. Il povero Pinocchio (thinks) che (he is) solo.
5. (He sees) un grosso pescecane.

CAPITOLO 10

Pinocchio è arrestato dai carabinieri ma scappa e quasi viene fritto in padella. Ritorna dalla Fata che gli promette di farlo diventare ragazzo

con la scusa di prendere—on the pretext of getting
te lo prometto—I promise you
di nulla—not at all
muoio dal—I am dying of

Pinocchio arriva sulla spiaggia e cerca in giro il pescecane:—Dov'è il pescecane?—domanda agli altri.

—È andato a fare colazione,—rispondono i ragazzi e ridono.
Pinocchio capisce la burla e dice:—Perchè mi avete portato qui?

—Così non andrai a scuola. Non ti vergogni di studiare così tanto?

—Che cosa devo fare allora *per farvi piacere?* domanda il burattino.

—Devi fare come noi; odiare la scuola, il maestro, e la lezione, —gridano i sette ragazzi.

—*Non fatemi ridere,* voi siete come i sette peccati mortali.

—Pinocchio, chiedi scusa o ti picchiamo.

—Avanti, non ho paura di voi,—dice Pinocchio con una grande risata.

Allora i ragazzi cominciano a lanciare libri e quaderni contro il burattino. Uno dei libri, diretto alla testa di Pinocchio, colpisce invece Eugenio, uno dei ragazzi.—Oh mamma mia, aiutami perchè muoio,—dice Eugenio *prima di cadere.*

Tutti gli altri ragazzi scappano via. Solo Pinocchio rimane ad aiutare Eugenio. In quel momento arrivano due carabinieri e arrestano Pinocchio:—Vieni con noi, hai ferito questo ragazzo—dice un carabiniere.

—Io sono innocente,—grida Pinocchio.

—Vieni con noi,—rispondono i carabinieri. Prima di portare via Pinocchio danno il ragazzo ferito a dei pescatori.

Pinocchio, *piuttosto che* andare con i carabinieri e passare sotto la finestra della sua Fata, decide di scappare. *Con la scusa di prendere* il suo cappello comincia a correre verso la spiaggia. I carabinieri chiamano Alidoro un cane mastino e lo mandano dietro Pinocchio.

41

Quando il cane è vicino a Pinocchio, il burattino si getta nel mare. Anche il cane finisce nel mare. Ma il povero Alidoro non sa nuotare e comincia a gridare:—Affogo, affogo. Aiutami Pinocchio! . . . Salvami dalla morte!

—Ti aiuterò ma non devi più correre dietro di me,—dice Pinocchio.

—*Te lo prometto,*—grida Alidoro.

Allora Pinocchio prende il cane per la coda e lo porta sulla spiaggia:—Addio Alidoro, e buon viaggio!

—Addio Pinocchio, mille grazie, un giorno forse ti aiuterò.

Pinocchio continua a nuotare vicino alla spiaggia per scappare dai carabinieri. Ad un tratto è prigioniero in una rete con tanti pesci. Allo stesso tempo vede un pescatore così brutto che somiglia a un mostro marino. I capelli del pescatore sono verdi e sembrano erba. Anche il suo corpo è verde, e perfino la barba e gli occhi sono verdi.—Anche oggi posso farmi una bella mangiata di pesce,—esclama il pescatore, e porta i pesci con Pinocchio in una grotta buia piena di fumo. Nella grotta frigge una padella piena di olio. Il pescatore tira fuori tutti i pesci e, quando vede Pinocchio dice:—Che razza di pesce è questo? Forse è un pesce burattino, pesce nuovo per me. Lo friggerò in padella con gli altri pesci!

Pinocchio comincia a strillare. Ma il pescatore non lo ascolta. Anzi lo lega e lo getta nella farina. Adesso Pinocchio sembra un pezzo di gesso. Il pescatore lo prende per la testa per gettarlo in padella. In quel momento arriva Alidoro, che con un salto prende Pinocchio nella bocca e scappa via come un lampo dalla grotta. Quando arriva vicino al paese, Alidoro posa Pinocchio a terra.

—Grazie tanto, Alidoro—dice Pinocchio al cane.

—*Di nulla*—replica il cane.—Tu mi hai salvato dall'acqua.

Alidoro ride e dà la sua zampa al burattino in segno d'amicizia.

Pinocchio comincia a tornare a casa. Sulla strada incontra un pescatore e gli domanda:—Sapete se Eugenio è guarito?

—Sì è guarito, è stato fortunato.

Pinocchio lascia il pescatore e torna a casa dalla Fata. Quando è vicino alla porta non ha il coraggio di bussare. Alla fine bussa e dopo mezz'ora, la lumaca che vive con la Fata, apre la finestra:—Chi è a quest'ora?—domanda la lumaca.

—Sono io, Pinocchio; apri la porta. *Muoio dal* freddo e dalla fame. La lumaca scende le scale piano piano e arriva alla porta verso la mattina. Essa trova Pinocchio svenuto a terra. Quando il burattino si sveglia, è sopra un divano con la Fata vicina.

—Anche questa volta ti perdono—dice la Fata.

Pinocchio va di nuovo a scuola e agli esami è il più bravo della scuola. Allora la Fata gli dice:—Pinocchio, sei stato buono e studioso; domani finirai di essere un burattino di legno e diventerai un ragazzo come gli altri.

PINOCCHIO'S WORKSHOP

(*a*) *Rispondete in italiano:*—
1. Quale burla capisce Pinocchio?
2. Che deve fare Pinocchio per far piacere ai ragazzi cattivi?
3. Perchè cominciano a tirare libri e quaderni?
4. Chi vuole portare via Pinocchio?
5. Che fa Pinocchio piuttosto che andare con i carabinieri?
6. Pinocchio come aiuta Alidoro?
7. Dove finisce Pinocchio?
8. Perchè il pescatore prende Pinocchio per la testa?
9. Chi salva Pinocchio? e perchè?
10. Perchè la Fata dice:—Domani finirai di essere un burattino—?

(*b*) *Write the following expressions in Italian:*—
1. You have bought; 2. you have saved; 3. you have been; 4. the shark has gone; 5. he has been; 6. he has seen; 7. he has eaten; 8. he has understood; 9. I will help you; 10. I will fry; 11. you will finish; 12. you will become; 13. on the beach; 14. at the head; 15. in the sea; 16. of the fisherman; 17. in the

flour; 18. in the mouth; 19. from the cave; 20. at the door; 21. to have breakfast; 22. to the ground; 23. the other boys; 24. the eyes; 25. to school.

(c) *Unscramble these words.*

gaiiagps; cecneaeps; zecloaoni; gzizaar; raubl; suiaerdt; soaulc; tmreosa; rngduaei; eoaepstrc.

CAPITOLO 11

Pinocchio va al Paese dei Balocchi.
Dopo cinque mesi diventa un asino

mi fa male il ginocchio (il piede)—my knee (my foot)
  hurts

La Fata decide di dare una festa per la promozione di Pinocchio. Il burattino va in città e invita tutti i compagni di
scuola, ma non riesce a trovare Lucignolo, il ragazzo più
svogliato.

Alla fine lo trova nascosto sotto il portico di una casa di
contadini.

—Che fai qui?—domanda Pinocchio.

—Aspetto mezzanotte per partire,—risponde Lucignolo—
Vado ad abitare nel più bel paese del mondo.

—Come si chiama?—domanda Pinocchio.

—Si chiama "Paese dei Balocchi", perchè non vieni anche tu?

—Io? no, non posso! esclama Pinocchio.

—Fai un grande sbaglio. Pensa, nel "Paese dei Balocchi" non
ci sono scuole, nè maestri, nè libri. Non studi mai.

—E che fai durante il giorno?—domanda Pinocchio.

—Giochi sempre dalla mattina alla sera. Dunque vuoi venire
con me?—insiste Lucignolo.

—No, io no, voglio fare il bambino buono . . . Ma dimmi, è
propio vero che in quel paese non ci sono scuole, nè maestri,
nè libri?

—No, niente, non studi mai;—risponde quel monello di
Lucignolo.

—Che bel paese! ma non posso venire, ho promesso alla Fata
di tornare.

—Dunque, addio Pinocchio, e *salutami* la scuola.

In quel momento i due ragazzi vedono *in lontananza* un
lumicino, e sentono un suono di campanelli e una tromba.

—Ecco il carro!—dice Lucignolo—addio Pinocchio.—Che
bel paese! Che bel paese!—ripete Pinocchio.

Il carro è pieno di ragazzi, ed è tirato da dodici asini. Il conduttore del carro è un Omino che somiglia a una palla di burro.
Ha una faccia rosa e una bocca che ride sempre. Tutti i ragazzi svogliati vogliono molto bene all'Omino e salgono sul suo
carro per andare al "Paese dei Balocchi".

Lucignolo sale sul carro. L'Omino dice a Pinocchio:

—Allora, bel ragazzo, vuoi venire anche tu in quel fortunato paese?

Pinocchio non risponde subito. Pensa alla Fata, ma poi sospira e dice:

—Sì, voglio venire anch'io.

Siccome non c'è posto nel carro, l'Omino mette Pinocchio sulla groppa di un asino. Poi, il carro riparte.

Mentre il carro viaggia, Pinocchio sente una voce:

—Povero stupido, *hai fatto a modo tuo*, ma ti pentirai.

Pinocchio ha paura; guarda qua e là, ma non vede nessuno.

All'alba il carro con tutti i ragazzi arriva al "Paese dei Balocchi".

Gli abitanti del paese sono soltanto ragazzi dagli otto ai quattordici anni. Tutti giocano nelle strade e fanno un gran chiasso. Sui muri i ragazzi hanno scritto "Viva il gioco, abbasso la scuola".

Pinocchio e Lucignolo cominciano subito a giocare, diventano amici di tutti e, sono molto felici.

Ma dopo cinque mesi di questa bella vita, Pinocchio un giorno si sveglia e, mentre si gratta la testa, sente *qualcosa di strano*.

Cerca subito uno specchio e vede che ha un bel paio di orecchie d'asino. Il burattino comincia a piangere e a strillare dalla vergogna. Una marmotta viene a trovarlo e gli dice:

—Pinocchio, hai la febbre del somaro.

—*Che cosa vuol dire?*—domanda Pinocchio.

—Ora ti spiego—risponde la marmotta—Fra due ore, diventerai un asino.

—Oh, povero me!—grida Pinocchio.

—Caro mio—replica la marmotta—questo è il destino di tutti i ragazzi svogliati che non amano la scuola e passano il tempo a giocare, diventano somari.

—Non è colpa mia! È colpa di Lucignolo. Ma se lo trovo, *guai a lui*—grida Pinocchio.

Poi Pinocchio incontra Lucignolo che ha un cappello sopra le orecchie.

—Il dottore mi ha detto di portare il cappello perchè *mi fa male un ginocchio*—dice Lucignolo.

—Anch'io devo portare il cappello,—dice Pinocchio—*mi fa male il piede.*

Ma mentre parlano, i due ragazzi diventano due somari. Le braccia e le gambe diventano zampe, i visi diventano musi, e di dietro spunta una coda. Pinocchio e Lucignolo vogliono parlare, ma invece della voce fanno—Ihah, ihah, ihah. Proprio in quel momento entra l'Omino.

—Bravi ragazzi! adesso vi porterò al mercato e vi venderò. Poi l'Omino accarezza i due somari, li lega e li porta al mercato.

PINOCCHIO'S WORKSHOP

(a) *Rispondete in italiano:*—

1. Perchè la Fata decide di dare una festa?
2. Dov'è Lucignolo?
3. Dove deve andare Lucignolo?
4. Che fai nel Paese dei Balocchi durante il giorno?
5. Cosa non c'è in quel paese?
6. Descrivete il conduttore del carro.
7. Che dice una voce a Pinocchio mentre il carro viaggia?
8. Chi sono gli abitanti del Paese dei Balocchi?
9. Cosa vede Pinocchio nello specchio?
10. Qual'è il destino di tutti i ragazzi svogliati?
11. Che farà l'Omino con i due somari Lucignolo e Pinocchio?

(b) *Unscramble the following idiomatic expressions:*—

tamilusa, ni lzananatno, dononepr ni irgo, la iobu, im tones mlae, id vonuo, rati toevn, ni fdono, a eud ssiap, im tsa nebe

48

CAPITOLO 12

Pinocchio fa la stella del circo. Poi finisce in pancia al pescecane e ritrova Geppetto. I due fuggono insieme e incontrano due vecchi amici

IDIOMATIC EXPRESSIONS

vestito a festa—magnificently dressed up
in un solo boccone—in a single gulp
sul punto di annegare—on the point of drowning
vi sta bene—it serves you right

Il direttore di un circo compra il somarello Pinocchio. Pinocchio deve ballare e saltare con gli altri animali del circo. Pinocchio impara anche a mangiare il fieno e la paglia. Il direttore del circo insegna a Pinocchio a ballare e a saltare. Dopo tre mesi di lezioni e di frustate, Pinocchio impara il suo lavoro. Viene finalmente il giorno dello spettacolo.

Quella sera Pinocchio è *vestito a festa*. Il pubblico attende impaziente l'arrivo del somarello Pinocchio.

Finalmente il somarello arriva tra un suono di tamburi. Piega le zampe per salutare il pubblico. Poi il direttore ordina a Pinocchio di ballare, saltare e correre. Ad un tratto il direttore spara un colpo di pistola e Pinocchio cade a terra e sembra morto. Mentre la folla applaude il bravo somarello si alza e vede tra il pubblico una bella signora.

—Quella è mia madre—pensa Pinocchio.

Il povero somarello cerca di chiamare la Fata, ma dalla sua gola esce solo un raglio. La signora va via e Pinocchio piange ed è molto triste. Mentre fa l'ultimo esercizio cade e si rompe una gamba.

—Un somaro zoppo non è buono per il circo—pensa il direttore, e lo getta in mare con una pietra al collo, per fare con la sua pelle un tamburo.

I pesci mangiano la pelle del somaro e Pinocchio ridiventa burattino. Pinocchio comincia a nuotare, ma ad un tratto vede arrivare verso di lui un'enorme testa con la bocca spalancata; è il terribile pescecane. Pinocchio cerca di fuggire, ma il mostruoso animale lo inghiotte *in un solo boccone*.

Tutto è buio nel corpo del pescecane.

—Aiuto! Aiuto! Chi mi può salvare?—grida Pinocchio.

—Qui nessuno ti può salvare—risponde un tonno.

—Allora scappiamo—dice Pinocchio.

—È impossibile, il pescecane è lungo un chilometro.

Mentre i due parlano, Pinocchio vede una luce lontano lontano.

—Chi c'è laggiù?—domanda Pinocchio.

—Un povero disgraziato come noi—risponde il tonno.

—Vado a vedere, addio tonno.

—Addio burattino e buona fortuna.

Pinocchio arriva vicino alla luce e vede un vecchietto seduto davanti ad una tavola. Sopra la tavola c'è una candela. Pinocchio spalanca gli occhi. Vuole ridere, piangere, gridare. Poi balbetta:

—Papà, papà mio, finalmente ti ho ritrovato. Ora non ti lascerò più.

—Pinocchio!—grida il vecchietto—i miei occhi dicono la verità, tu sei il mio caro Pinocchio!

—Sì, sì sono io—dice Pinocchio e piange tra le braccia del padre che lo perdona di nuovo. Il burattino racconta tutte le sue avventure a Geppetto. Infine domanda:

—E tu, papà, da quanto tempo sei qui dentro?

—Due anni—risponde Geppetto.

—Come hai fatto a vivere?

Un giorno—risponde Geppetto—il pescecane ha inghiottito una nave. Nella nave ho trovato: Carne conservata, biscotti, vino, uva secca, formaggio, caffè, zucchero, candele e fiammiferi. Oggi però ho finito tutto, questa è l'ultima candela.

—Allora dobbiamo fuggire—dice Pinocchio.

—Io non so nuotare—risponde Geppetto.

—Io so nuotare—insiste Pinocchio—ti porterò sano e salvo fino alla spiaggia.

Allora Geppetto sale sulle spalle di Pinocchio. I due aspettano, e quando il pescecane lancia un forte starnuto scappano dalla bocca del mostro. Fuori il mare è calmo e la luna splende nel cielo.

Pinocchio comincia a nuotare. Dopo un giorno e una notte è molto stanco. La spiaggia è ancora lontana. Geppetto trema dal freddo. I due sono *sul punto di annegare*. Ma il tonno che era con loro dentro il pescecane li salva e li porta a riva.

Pinocchio e Geppetto ringraziano il tonno e cominciano a camminare in cerca di una casa e di un po' di cibo.

Per la strada incontrano la Volpe e il Gatto. Il Gatto è

diventato veramente cieco e la Volpe è diventata veramente zoppa.

—Oh, Pinocchio! Fai la carità a due poveri infermi—dice la Volpe.

—Infermi—ripete il Gatto.

—Addio—dice Pinocchio—non mi ingannate più.

—Ma ora siamo veramente poveri—dice la Volpe con un lamento.

—*Vi sta bene*; i soldi rubati non danno mai profitto—risponde Pinocchio e continua per la sua strada. Finalmente Pinocchio e Geppetto vedono una capanna. Il burattino bussa alla porta; una vocina risponde:

—Entra, la porta è aperta!

Pinocchio va nella casa e domanda:

—Chi abita qui?

—Io—risponde la voce.

—Dove sei?

—Sono quassù, ripete la voce.

Pinocchio e Geppetto alzano gli occhi e vedono sul soffitto il Grillo Parlante.

—Oh, caro Grillo—esclama Pinocchio—Perdonami, caro amico.

—Io ti perdono—risponde il Grillo—ma ricorda: Nella vita se sarai gentile con tutti, tutti saranno gentili con te.

PINOCCHIO'S WORKSHOP

(*a*) *Rispondete in italiano:*—

1. Che cosa deve fare il somarello Pinocchio?
2. Dopo quanto tempo Pinocchio impara il suo lavoro?
3. Che fa Pinocchio davanti al pubblico?
4. Pinocchio chi vede?
5. Perchè piange ed è molto triste?
6. Perchè il direttore lo getta in mare?
7. Chi arriva verso di lui?
8. Dove finisce Pinocchio?

9. Perchè Pinocchio vuole ridere, piangere e gridare?
10. Come ha fatto a vivere Geppetto?
11. Come scappano dalla bocca del mostruoso pescecane?
12. Chi salva Pinocchio e Geppetto?
13. Pinocchio e Geppetto chi incontrano per la strada?
14. Come sono diventati il Gatto e la Volpe?
15. Finalmente dove arrivano? Che chiede Pinocchio al Grillo Parlante?

(b) *Pinocchio racconta la sua storia.*

Pinocchio is telling his adventures to Geppetto. Some of the story is set out here for you in the present tense. Rewrite it by putting all the verbs in italics in the present perfect tense as in the example. (Remember that all verbs with a star form the present perfect tense with "essere".)

Esempio: Quando *vendi* la tua giacca e *compri* i libri di scuola, io *vado* al Teatro dei Burattini.

Quando *hai venduto* la tua giacca e *hai comprato* i libri di scuola, io *sono andato* al Teatro dei Burattini.

1. Quando *vendi* la tua giacca e *compri* i libri di scuola, io *vado* al Teatro dei Burattini.
2. Il burattinaio mi *dà* cinque monete d'oro per te.
3. Io *incontro* la Volpe e il Gatto. Mi *portano* all'osteria del Gambero Rosso, dove mi *lasciano* solo.
4. Di notte *incontro* gli assassini. Mi *impiccano* a un ramo della Grande Quercia.
5. La Fata mi *salva*. Io *dico* una bugia e il mio naso *cresce*.
6. La Volpe e il Gatto *rubano* le mie monete d'oro.
7. *Faccio* il cane da guardia in un pollaio.
8. *Vado* nel paese delle "Api Industriose". *Trovo* la Fatina.
9. Io e Lucignolo *andiamo* nel Paese dei Balocchi.
10. Noi *diventiamo* somari.

EPILOGO

Pinocchio diventa un ragazzo perbene

Ed ora ragazzi, fate attenzione. Il nostro Pinocchio diventa un giovane modello. Egli comincia a lavorare molte ore al giorno per curare e mantenere Geppetto. Un giorno poi, incontra la lumaca cameriera della Fata.

—La Fata è malata—dice la lumaca—è a letto in ospedale povera e abbandonata.

—Oh! povera Fatina!—esclama Pinocchio—Lavorerò di più per curare e mantenere anche mia madre.

E così Pinocchio comincia a lavorare anche la notte e manda denaro alla Fatina.

Poi un bel giorno Pinocchio si sveglia e . . . che gioia! Non è più un burattino, ma un bel ragazzo coi capelli castani e gli occhi celesti. Anche Geppetto è cambiato. Ora è sano e felice. I due vivono in una casa lussuosa con ricchi mobili.

—Questo cambiamento è un miracolo,—esclama Pinocchio.

—Sì—risponde Geppetto—è tutto merito tuo. Quando i ragazzi cattivi diventano buoni, cambiano la vita di tutta la famiglia. Tutto diventa bello e sorridente intorno a loro.

—E il vecchio Pinocchio di legno?—mormora il ragazzo.

Eccolo là—risponde Geppetto.

In un angolo su una sedia, c'è un grosso burattino senza vita, con le gambe incrociate e le braccia penzoloni.

—Come ero* buffo quando ero un burattino—dice Pinocchio —Come sono felice ora che sono diventato un ragazzo per bene.

* ero—I was.

ANSWER KEYS TO EXERCISES

CHAPTER 1

(*a*)

1. Il pezzo di legno è nella bottega di Mastro Antonio.
2. Mastro Antonio vuole fare una gamba di tavolino.
3. Il vecchio falegname cade a terra per la paura.
4. Qualcuno bussa alla porta.
5. Mastro Geppetto vuole un favore.
6. Mastro Geppetto vuole costruire un burattino di legno.
7. La voce misteriosa dice "Bravo Polentina".
8. Fra i due scoppia una lite.
9. Mastro Antonio ha tra i denti la parrucca gialla di Mastro Geppetto.
10. Mastro Antonio regala a Geppetto il pezzo di legno.

(*c*)

1. Mastro Antonio è *il falegname*.
2. Mastro Ciliegia insegna *l'aritmetica*.
3. Ecco *l'accetta*.
4. I due vecchi fanno *la pace*.
5. Ecco *il legno*.
6. Geppetto ritorna a casa per costruire *il burattino*.

(*d*)

1. Nella bottega di Mastro Antonio c'è un pezzo di legno.
2. Mastro Antonio ha sempre il naso rosso.
3. La gente lo chiama Mastro Ciliegia.
4. La voce misteriosa dice "Ahi".
5. Mastro Geppetto vuole costruire un burattino capace di ballare, cantare e fare le capriole.

(a)

1. La casa di Geppetto è molto fredda.
2. I mobili sono vecchi e rotti.
3. Geppetto non sente freddo perchè è un uomo felice.
4. Geppetto prende i ferri.
5. Dopo gli occhi fa le guance, la bocca e il mento.
6. Perchè le mani del burattino prendono la sua parrucca.
7. Appena impara a camminare scappa via di casa.
8. Pinocchio vede un grillo sul muro.
9. Perchè è molto arrabbiato.

(b)

1. Pinocchio cries and says "I am hungry" because he is alone and can find nothing to eat.
2. In the egg there is a chicken.
3. The night is dark; it is raining and windy.
4. Pinocchio is wet because an unkind man has thrown a bucket of water over him.
5. He can't open the door because his feet are burnt.
6. He promises never to run away again and to go to school.
7. He needs books and clothes.
8. Geppetto sells his jacket to buy Pinocchio's books.

(c)

grillo, martello, camino, maleducato, parrucca, mani, baci, poliziotto, botte, notte.

(d)

1. Nella casa di Geppetto c'è un Grillo Parlante.
2. Pinocchio ha paura delle botte.
3. Geppetto porta la parrucca gialla.
4. Pinocchio dà tanti baci a Geppetto.

(*a*)

1. Pinocchio sente un suono di pifferi e tamburi.
2. La musica viene dalla piazza.
3. Il biglietto costa cinquanta lire.
4. Pinocchio vende i libri di scuola a un mercante.
5. Nella platea Arlecchino vede Pinocchio.
6. Arlecchino grida:—Vieni con noi, vieni qui.
7. Arriva il burattinaio. Si chiama Mangiafuoco.
8. Perchè è alto e brutto e ha una lunga barba più nera dell'inchiostro.
9. In cucina arrostisce un bel montone per cena.
10. Perchè capisce che deve morire sul fuoco.

(*b*)

1. Mentre cammina, Pinocchio pensa a tante belle cose.
2. Pinocchio domanda a un ragazzo quanto costa il biglietto.
3. A casa Geppetto trema dal freddo.
4. Geppetto non ha più la giacca.
5. Pinocchio entra nel Teatro dei Burattini.

(*c*)

libri, pifferi, tamburi, musica, teatro, leggere, biglietto, burattini, cartellone, legno, scuola, piazza, voce, vento.

(*d*)

1. tamburi; 2. libri; 3. burattini; 4. legno.

CHAPTER 4

(*a*)

1. Quando è commosso Mangiafuoco comincia a starnutire.
2. Mangiafuoco dice a Pinocchio:—Smetti di piangere, quando piangi mi sento male.

3. Pinocchio dice:—Pietà, signor Mangiafuoco, non gettate mio fratello Arlecchino nel fuoco.
4. Pinocchio è un bravo ragazzo perchè vuole morire al posto di Arlecchino.
5. Le marionette organizzano una bella festa e passano la notte a cantare e ballare.
6. Mangiafuoco dà a Pinocchio cinque monete d'oro.
7. Pinocchio incontra una Volpe zoppa e un Gatto cieco.
8. Per la Volpe lo studio è un brutto vizio.
9. Le cinque monete d'oro possono diventare duemila cinquecento al Campo dei Miracoli.
10. Pinocchio dimentica suo padre e i libri di scuola.

(*b*)

1. Vogliamo la commedia. 2. Non è colpa mia. 3. Portate qui Pinocchio. 4. Papà aiùtami. 5. Smetti di piangere. 6. Prendete Arlecchino. 7. Gettatelo nel fuoco. 8. Torna a casa. 9. Porta il denaro a tuo padre. 10. Non andare a scuola. 11. Vieni con noi. 12. Andiamo, vengo con voi.

CHAPTER 5

(*a*)

1. I tre riposano all'osteria del Gambero Rosso.
2. La Volpe e il Gatto mangiano due galline e trenta pesci. Pinocchio mangia un pezzo di pane e una noce.
3. Prendono due camere.
4. Pinocchio paga la cena.
5. La notte è buia.
6. Su un albero c'è l'ombra del Grillo Parlante.
7. Ritorna subito da Geppetto.
8. Mentre continua per la sua strada Pinocchio incontra gli assassini.
9. Gli assassini sono il Gatto e la Volpe.
10. Pinocchio fa quindici chilometri.

(*b*)

(*a*)

1. Nella casa bianca c'è una bella bambina (Non c'è nessuno perchè sono tutti morti):
2. Perchè non vuole dare le monete agli assassini.
3. Gli assassini impiccano Pinocchio a un ramo della Grande Quercia.
4. Perchè la corda lo stringe alla gola.
5. La bella bambina aiuta Pinocchio.
6. Sono tre medici famosi.
7. La Fatina Azzurra dà a Pinocchio una pallina di zucchero.
8. Sono i conigli della morte.
9. Entrano per prendere Pinocchio.
10. Pinocchio prende il bicchiere e beve la medicina.
11. Racconta alla Fata la sua storia.
12. Il naso cresce perchè Pinocchio dice le bugie.

(*b*)

1. la casa bianca
2. una finestra chiusa
3. gli assassini minacciosi
4. un vento forte
5. la medicina amara
6. tre medici famosi
7. la Fata Azzurra
8. i topi bianchi
9. quattro conigli neri
10. un burattino stanco
11. due assassini stanchi
12. lo zucchero dolce
13. il tempo freddo
14. il burattino vivo
15. un naso lungo

CHAPTER 7

(*a*)

1. Pinocchio vuole incontrare suo padre.
2. Incontra la Volpe e il Gatto sotto la Grande Quercia.
3. Le monete d'oro sono ancora in tasca.
4. Vanno al Campo dei Miracoli.
5. Al Campo dei Miracoli Pinocchio scava una buca.
6. Ritorna al campo dopo venti minuti.
7. Pinocchio non vede nessun albero; vede solo un pappa-gallo.
8. Perchè la Volpe e il Gatto sono tornati, hanno preso le monete d'oro e sono scappati.
9. Pinocchio resta quattro mesi in prigione.
10. Perchè sente i morsi terribili della fame.
11. Il povero burattino è preso da una tagliola.

(*b*)

1. (i) Sì, la Fatina è buona.
   (ii) No, la Fatina non è buona.
2. (i) Sì, Pinocchio vuole bene alla Fatina.
   (ii) No, Pinocchio non vuole bene alla Fatina.
3. (i) Sì, Pinocchio risponde alla Fata Azzurra.
   (ii) No, Pinocchio non risponde alla Fata Azzurra.
4. (i) Sì, i tre arrivano al Campo dei Miracoli.
   (ii) No, i tre non arrivano al Campo dei Miracoli.

5. (i) Sì, Pinocchio torna al Campo dopo venti minuti.
   (ii) No, Pinocchio non torna al Campo dopo venti minuti.
6. (i) Sì, Pinocchio trova Geppetto a casa della Fatina.
   (ii) No, Pinocchio non trova Geppetto a casa della Fatina.

(*c*)
1. Pinocchio dice alla Fata—Ti voglio bene.
2. Anche la Fata vuole bene a Pinocchio.
3. Pinocchio sarà il fratellino della Fata.
4. Il papà di Pinocchio verrà stasera.
5. Pinocchio vuole incontrarlo sulla strada.

CHAPTER 8

(*a*)
1. I passi sono del contadino.
2. Il contadino dice: Ah, ladro! Sei tu che rubi le galline.
3. Porta Pinocchio nel casotto di legno del cane.
4. Le due faine cercano il cane Melampo.
5. Pinocchio non deve abbaiare.
6. Pinocchio chiude subito la porta del pollaio e comincia ad abbaiare.
7. Per ricompensa lascia libero Pinocchio.
8. La Bambina è morta per essere stata abbandonata dal suo fratellino Pinocchio.
9. Geppetto ha fabbricato una barchetta per attraversare l'Oceano.
10. Il colombo porta Pinocchio sulla spiaggia.

(*b*)

1.	Falso.	5.	Vero.
2.	Vero.	6.	Vero.
3.	Falso.	7.	Falso.
4.	Falso.	8.	Falso.

9. Vero.

10. Vero.

11. Falso.

12. Falso.

(*c*)

fata, buio, campi, lezione, passi, grappoli, rumore, contadino, galline, casotto, legno, cane, ladri, vagabondo, parole, porta, sacco, letto, mani, spiaggia.

CHAPTER 9

(*a*)

1. Pinocchio nuota tutta la notte.

2. Grandina, piove e lampeggia.

3. No, Pinocchio non vede più Geppetto.

4. Pinocchio finisce su una spiaggia deserta.

5. Vede passare un grosso pesce.

6. Che strada debbo prendere per arrivare al paese più vicino? Non hai visto per caso una barca con dentro un vecchietto?

7. Perchè nel paese delle "Api Industriose", tutti lavorano.

8. Perchè ha fame e vuole mangiare.

9. Deve cercare un lavoro e guadagnare il pane.

10. La donnina misteriosa è la Fata.

11. Perchè è stanco di fare il burattino.

12. Diventerà un ragazzo quando studierà, ubbidirà, lavorerà, dirà la verità e andrà a scuola.

(*b*)

1. He calls her "mamma" or "mother".

2. The Fairy forgave him because he is good-hearted.

3. Pinocchio says he will go to school next year because he is reluctant to start school.

4. Laziness is a nasty illness.

64

5. The naughty boys tease Pinocchio, pulling his cap and jacket, and tying his hands and feet.
6. He wins their respect by fighting back.
7. They suggest he miss school and go down to the beach to see the big shark.
8. Yes, he finally agrees to go with them.

(*c*)

1. Studiamo e impariamo a scuola.
2. Pinocchio cerca il vecchio padre in una barca nel mare.
3. Forse è stato mangiato da un grosso pescecane.
4. Pinocchio è un buono studente, ma ha il difetto di andare con i ragazzi cattivi.
5. Un giorno, invece di andare a scuola, vanno alla spiaggia per vedere un grosso pescecane.

(*d*)

1. Il burattino nuota tutta la notte.
2. Una forte ondata sbatte Pinocchio su una spiaggia deserta.
3. Il sole splende e il mare diventa calmo.
4. Il povero Pinocchio pensa che è solo.
5. Vede un grosso pescecane.

CHAPTER 10

(*a*)

1. Pinocchio capisce la burla del pescecane.
2. Pinocchio deve odiare la scuola, il maestro, e la lezione.
3. Perchè Pinocchio dice:—avanti non ho paura di voi.
4. I carabinieri vogliono portare via Pinocchio.
5. Piuttosto che andare coi carabinieri, Pinocchio decide di scappare.
6. Pinocchio prende il cane per la coda e lo porta sulla spiaggia.

7. Pinocchio finisce prigioniero in una rete con tanti pesci.
8. Il pescatore prende Pinocchio per la testa per gettarlo in padella.
9. Alidoro salva Pinocchio, perchè Pinocchio ha salvato Alidoro dall'acqua.
10. Perchè Pinocchio è stato buono e studioso.

(*b*)

1. Hai portato; 2. hai salvato; 3. sei stato; 4. il pescecane è andato; 5. è stato; 6. ha visto; 7. ha mangiato; 8. ha capito; 9. ti aiuterò; 10. lo friggerò; 11. finirai; 12. diventerai; 13. sulla spiaggia; 14. alla testa; 15. nel mare; 16. del pescatore; 17. nella farina; 18. in bocca; 19. dalla caverna; 20. alla porta; 21. fare colazione; 22. a terra; 23. gli altri ragazzi; 24. gli occhi; 25. a scuola.

(*c*)

spiaggia, pescecane, colazione, ragazzi, burla, studiare, scuola, maestro, quaderni, pescatore.

CHAPTER 11

(*a*)

1. La Fata decide di dare una festa per la promozione di Pinocchio.
2. Lucignolo è sotto il portico di una casa di contadini.
3. Lucignolo deve andare nel più bel paese del mondo.
4. Gioco sempre dalla mattina alla sera.
5. In quel paese non ci sono scuole, nè maestri nè libri.
6. Il conduttore del carro somiglia ad una palla di burro.
7. La voce dice:—povero stupido hai fatto a modo tuo, ma ti pentirai.
8. Gli abitanti del Paese dei Balocchi sono solo ragazzi dagli otto ai quattordici anni.
9. Pinocchio vede che ha un bel paio di orecchie d'asino.
10. I ragazzi svogliati diventano somari.
11. L'Omino venderà i due somari al mercato.

(b)

salutami, in lontananza, prendono in giro, al buio, mi sento male, di nuovo, tira vento, in fondo, a due passi, mi sta bene

CHAPTER 12

(a)

1. Pinocchio deve ballare e saltare con gli altri animali del circo.
2. Pinocchio impara il suo lavoro dopo tre mesi di lezioni e di frustate.
3. Davanti al pubblico Pinocchio piega le zampe, balla, salta, corre e cade a terra.
4. Vede tra il pubblico una bella signora.
5. Perchè la signora va via.
6. Il direttore lo getta in mare, per fare con la sua pelle un tamburo.
7. Un' enorme testa con la bocca spalancata arriva verso di lui.
8. Pinocchio finisce nel corpo del pescecane.
9. Perchè ritrova suo padre.
10. Un giorno il pescecane ha inghiottito una nave. Nella nave Geppetto ha trovato: carne conservata, biscotti, vino, uva secca, formaggio, zucchero, candele e fiammiferi.
11. Quando il pescecane lancia un forte starnuto, scappano dalla bocca del mostro.
12. Il tonno salva Pinocchio e Geppetto.
13. Per la strada incontrano la Volpe e il Gatto.
14. Il Gatto è diventato veramente cieco e la Volpe è diventata veramente zoppa.
15. Finalmente Pinocchio e Geppetto arrivano ad una capanna. Pinocchio chiede perdono.

(*b*)

1. Quando hai venduto la tua giacca e hai comprato i libri di scuola io sono andato al Teatro dei Burattini.
2. Il burattinaio mi ha dato cinque monete d'oro per te.
3. Io ho incontrato la Volpe e il Gatto. Mi hanno portato all'osteria del Gambero Rosso, dove mi hanno lasciato solo.
4. Di notte ho incontrato gli assassini. Mi hanno impiccato ad un ramo della Grande Quercia.
5. La Fata mi ha salvato. Io ho detto una bugia e il mio naso è cresciuto.
6. La Volpe e il Gatto hanno rubato le mie monete d'oro.
7. Ho fatto il cane da guardia in un pollaio.
8. Sono andato nel paese delle "Api Industriose". Ho trovato la Fatina.
9. Io e Lucignolo siamo andati nel Paese dei Balocchi.
10. Siamo diventati somari.

Italian-English Vocabulary

A

abbaiare, *to bark*
abbandonare, *to abandon*
abbandonato, a, *abandoned*
abbasso, *down with*
abbracciare, *to hug*
abitanti, *inhabitants*
accarezzare, *to caress*
l'accetta, *hatchet*
l'acqua, *water*
l'acrobata, *acrobat*
addormentarsi, *to go to sleep*
adesso, *now*
affacciarsi, *to appear*
affogare, *to drown*
aiutare, *to help*
al, *at the, to the*
l'alba, *dawn*
l'albero, *tree*
alcuno, i, *some*
alla, *at the, to the*
l'allegria, *gaiety*
allo, *at the, to the*
allora, *then*
alto, a, *high, tall*
altro, a, *other*
amaro, a, *bitter*
l'amicizia, *friendship*
l'amico, *a friend*
anche, *also, too*
ancora, *again, yet*
andare, *to go*
annegare, *to drown*
anzi, *rather*
l'ape, *bee*
aperto, a, *open*
aprire, *to open*
l'argento, *silver*
l'aritmetica, *arithmetic*

arrabbiare, *to madden*
arrabbiarsi, *to get angry*
arrabbiato, a, *angry*
arrendersi, *to surrender*
arrestare, *to arrest*
arrivare, *to arrive*
arrivato, a, *arrived*
arrivederci, *good-bye*
arrostito, a, *roasted*
l'arte, *art, craft*
asciugare, *to dry*
asciugarsi, *to dry oneself*
ascoltare, *to listen*
l'asino, *donkey*
aspettare, *to wait*
l'assassino, *murderer*
attaccare, *to attack*
attraversare, *to cross*
augurare, *to wish well*
avanti, *before, forward*
avere, *to have*
avvolto, a, *wrapped*
azzannare, *to seize with the fangs*
azzurro, a, *blue*

B

il babbo, *Dad*
baciare, *to kiss*
bagnato, a, *wet*
balbettare, *to stammer*
ballare, *to dance*
i balocchi, *toys*
il bambino, *baby boy*
la barba, *beard*
i barbagianni, *stupid fellows*
il barbone, *long beard, poodle*
la barca, *boat*
la barchetta, *little boat*
la battaglia, *battle*

il becco, *beak*
bello, a, *beautiful*
bene, *good, well*
bere, *to drink*
il berretto, *cap*
bianco, a, *white*
il bicchiere, *glass*
il biglietto, *ticket*
il birichino, *little rascal*
il biscotto, *cookie*
il bisogno, *need, want*
la bocca, *mouth*
il boccone, *mouthful*
borbottare, *to mutter*
la borsa, *purse, bag*
la botta, *blow*
la bottega, *shop*
il bottone, *button*
il braccio, *arm*
il braciere, *brazier*
bravo, a, *clever, able*
la brocca, *jug*
brontolare, *to grumble*
bruciare, *to burn*
bruciato, a, *burned*
brutto, a, *ugly*
la buca, *hole*
buffo, a, *funny*
la bugia, *lie*
il buio, *darkness*
buongiorno, *good day*
buono, a, *good*
il burattinaio, *puppet showman*
il burattino, *puppet*
la burla, *joke*
il burro, *butter*
bussare, *to knock*

C

cadere, *to fall*
il calcio, *kick*
il caldo, *hot*
calmo, a, *calm*
il cambiamento, *change*
la camera, *room*
la cameriera, *housemaid*

il camino, *chimney*
la camminata, *walk*
la campagna, *country*
il campanello, *bell*
il campo, *field*
la candela, *candle*
cantare, *to sing*
capace, *capable, able*
la capanna, *hut*
il capello, *hair*
capire, *to understand*
capitare, *to happen*
il cappello, *hat*
la capriola, *somersault*
il carabiniere, *policeman*
il carcere, *jail*
il carceriere, *jailer*
carico, a, *loaded*
la carità, *charity*
la carne, *meat, flesh*
il carro, *cart*
la carrozza, *coach*
la carta fiorita, *wallpaper*
il cartellone, *poster*
il casotto, *kennel*
cattivo, a, *naughty*
celeste, *sky blue*
la cella, *cell*
la cena, *evening meal*
cento, *hundred*
cercare, *to look for*
che, *which, what*
chi, *who*
chiamare, *to call*
chiamarsi, *to call oneself*
il chiasso, *noise*
chiedere, *to ask*
il chilometro, *kilometre*
chiudere, *to shut*
chiuso, a, *shut*
ci, *us, there*
il cieco, *blind man*
cieco, a, *blind*
la ciliegia, *cherry*
il cielo, *sky*
cinquanta, *fifty*
cinque, *five*

cinquecento, *five hundred*
il circo, *circus*
la città, *town, city*
la civetta, *owl*
la coda, *tail*
la colazione, *lunch*
il collare, *collar*
il colombo, *pigeon*
la colpa, *fault*
il colpo, *blow*
come, *how, as*
cominciare, *to start*
la commedia, *play*
commosso, a, *moved*
il compagno, *friend*
comprare, *to buy*
con, *with*
il conduttore, *conductor*
il coniglio, *rabbit*
conoscere, *to know*
conservato, *preserved*
il consiglio, *advise*
contento, a, *glad*
continuare, *to continue*
il conto, *bill*
contro, *against*
la corda, *rope*
credere, *to believe*
crepacuore, *heartbreak*
la cucina, *kitchen*
il cuore, *heart*
curare, *to heal*

D

da, *from*
dalla, *from the*
dare, *to give*
davvero, *indeed*
decidere, *to decide*
degli, *of the*
dei, *of the*
del, *of the*
della, *of the*
delle, *of the*
dello, *of the*
il denaro, *money*

il dente, *tooth*
dentro, *inside*
denunciare, *to denounce*
descrivere, *to describe*
deserto, a, *deserted*
il destino, *fate*
di, *of*
dietro, *behind*
il difetto, *defect*
dimenticare, *to forget*
dire, *to say*
il direttore, *director*
il dispiacere, *displeasure*
disturbare, *to disturb*
diventare, *to become*
il dolce, *sweet*
il dolore, *pain*
la domanda, *question*
domandare, *to ask*
domani, *tomorrow*
dopo, *after*
il dottore, *doctor*
dove, *where*
dritto, a, *straight*
due, *two*
dunque, *then, so*
durante, *during*

E

e, ed, *and*
ebbene, *well*
ecco, *here is*
egli, *he*
entrare, *to enter*
l'erba, *grass*
ero, *I was*
l'esame, *examination*
esausto, a, *worn out*
esclamare, *to cry out*
esistere, *to exist*
essa, *she, it*
essere, *to be*

F

fabbricare, *to make*
la faccia, *face*

la faina, *polecat*
il falco, *hawk*
il falegname, *carpenter*
la fame, *hunger*
famoso, a, *famous*
fare, *to do, to make*
la farina, *flour*
la fata, *fairy*
il favore, *favor*
la febbre, *temperature*
felice, *happy*
ferito, a, *wounded*
fermare, *to stop*
i ferri, *tools*
la festa, *holiday*
il fiammifero, *match*
il fieno, *hay*
il figlio, *son*
la figuraccia, *ugly figure*
finalmente, *at last*
la fine, *end*
la finestra, *window*
finire, *to finish*
fissare, *to stare*
il flagello, *scourge*
la foglia, *leaf*
il formaggio, *cheese*
la formica, *ant*
il forno, *oven*
forse, *perhaps*
forte, *strong*
la fortuna, *fortune*
fortunato, a, *lucky*
fra, *between*
il fratello, *brother*
il freddo, *cold*
friggere, *to fry*
fritto, a, *fried*
la fronte, *forehead*
la frusta, *whip*
la frustata, *lash*
fuori, *outside*

G

il galantuomo, *gentleman*
la gallina, *hen*

la gamba, *leg*
il gambero, *crayfish*
il gatto, *cat*
il genitore, *parent*
la gente, *people*
gentile, *kind*
il gesso, *chalk*
gettare, *to throw*
gettarsi, *to throw oneself*
la giacca, *coat*
giacere, *to lie*
giallo, a, *yellow*
il ginocchio, *knee*
il gioco, *play, game*
la gioia, *joy*
la giornata, *day*
il giovane, *young man*
girare, *to go around*
il giro, *turn*
il giudice, *judge*
gli, *the, to him*
la gola, *throat*
la gomitata, *shove with the elbow*
il gorilla, *gorilla*
guadagnare, *to earn*
guai, *woes*
la guancia, *cheek*
guardare, *to look at*
la guardia, *watch, guard*
guarito, a, *healed*

I

i, *the*
il, *the*
io, *I*
imbattersi, *to come across*
l'imbroglione, *cheat*
immaginare, *to imagine*
imparare, *to learn*
impiccare, *to hang*
impossibile, *impossible*
in, *in*
l'inchiostro, *ink*
incontrare, *to meet*
incrociato, *crossed*
incuriosito, a, *interested, curious*

72

industrioso, a, *industrious*
infermo, a, *disabled*
l'inferno, *hell*
infilare, *to thread*
infine, *at last*
ingannare, *to cheat*
inghiottito, a, *swallowed*
innocente, *innocent*
insegnare, *to teach*
insistere, *to insist*
l'insulto, *insult*
intanto, *meanwhile*
intorno, *around*
invece, *instead*
invitare, *to invite*
l'invito, *invitation*

L

la, *the*
la lacrima, *tear*
il ladro, *thief*
laggiù, *down there*
il lamento, *lament*
il lampo, *lightning*
lanciare, *to throw*
lasciare, *to leave*
lavorare, *to work*
legare, *to tie up*
levare, *to raise*
la lezione, *lesson*
lì, *there*
liberare, *to free*
libero, a, *free*
la libertà, *freedom*
il libro, *book*
la lira, *lira*
la lite, *quarrel*
litigare, *to quarrel*
lo, *the, him, it*
lodare, *to praise*
la lontananza, *distance*
lontano, a, *distant*
loro, *they*
la luce, *light*
il lumicino, *little light*
lungo, a, *long*

M

ma, *but*
la madre, *mother*
il maestro, *teacher*
mai, *never*
la malattia, *illness*
male, *bad, ill*
maleducato, *rude*
mamma, *mother*
mandare, *to send*
mangiare, *to eat*
la maniera, *manner*
la mano, *hand*
mantenere, *to maintain*
il mare, *sea*
la marmotta, *marmot*
marino, a, *marine*
la marionetta, *puppet*
il marmo, *marble*
il martello, *hammer*
il mastino, *mastiff*
mastro, *master*
la mattina, *morning*
il mattino, *morning*
la medicina, *medicine*
il medico, *doctor*
meglio, *better*
il mento, *chin*
mentre, *meanwhile*
meraviglioso, a, *marvellous*
il mercante, *merchant*
merito, *merit*
il mese, *month*
il mestiere, *trade*
mettere, *to put*
mettersi, *to start*
la mezzanotte, *midnight*
mi, *me*
mille, *thousand*
minacciosamente, *threateningly*
il minuto, *minute*
mio, *my*
il miracolo, *miracle*
misterioso, a, *mysterious*
il mobile, *furniture (the piece of)*
modello, a, *model*

la mollica, *crumb, dough*
il momento, *moment*
molto, *much, many, very*
il mondo, *world*
il monellaccio, *big rogue, rascal*
il monello, *rogue*
la moneta, *money, coin*
la montagna, *mountain*
il montone, *ram*
morire, *to die*
il morso, *bite*
morto, a, *dead*
mortale, *deadly*
la morte, *death*
mostrare, *to show*
mostruoso, *monstrous*
muovere, *to move*
il muro, *wall*
la musica, *music*
il muso, *snout*

N

nascondere, *to hide*
nascosto, a, *hidden*
il naso, *nose*
navigare, *to navigate*
nel, *in the*
nero, a, *black*
nessuno, *nobody*
la neve, *snow*
nevicare, *to snow*
no, *no*
la noce, *walnut*
noi, *we*
il nome, *name*
normale, *normal*
nostro, *our*
la notizia, *news*
la nottata, *night*
la notte, *night*
nulla, *nothing*
nuotare, *to swim*
nuovo, a, *new*

O

l'occhio, *eye*
l'oceano, *ocean*

odiare, *to hate*
offendere, *to insult*
oggi, *today*
ogni, *each*
l'olio, *oil*
l'omino, *little man*
l'onda, *wave*
l'ondata, *breaker*
l'orchestra, *orchestra*
l'orco, *ogre*
l'orecchio, *ear*
organizzare, *to organize*
l'oro, *gold*
l'ospedale, *hospital*
l'oste, *host*
l'osteria, *inn*
l'ozio, *idleness*

P

la pace, *peace*
la padella, *frypan*
il padre, *father*
il paese, *town*
pagare, *to pay*
pagato, *paid*
la paglia, *straw*
il paio, *pair*
la palla, *ball*
la pallina, *marble*
la pancia, *belly*
il pane, *bread*
i panni, *clothes*
il pappagallo, *parrot*
parlante, *talking*
la parola, *word*
la parrucca, *wig*
passare, *to pass*
il passo, *footstep*
la paura, *fear*
il peccato, *sin*
pensare, *to think*
pentire, *to repent*
penzoloni, *hanging*
per, *for*
la pera, *pear*
perchè, *why, because*

perdersi, *to lose oneself*
perdonare, *to forgive*
perfino, *even*
il pericolo, *danger*
permettere, *to allow*
però, *but*
la persona, *person*
il pescatore, *fisherman*
il pesce, *fish*
il pescecane, *shark*
il pezzo, *piece*
il piacere, *pleasure*
piangere, *to cry*
piantare, *to plant*
il pianto, *cry*
la piazza, *square*
picchiare, *to hit*
piccolo, a, *little*
il piede, *foot*
piegare, *to bend*
la pietà, *pity*
la pietra, *stone*
il piffero, *fife*
pigro, a, *lazy*
la pioggia, *rain*
piovere, *to rain*
più, *more*
piuttosto, *rather*
la platea, *audience*
poco, *little*
poi, *then*
Polentina, *Polentina*
il poliziotto, *policeman*
il pollaio, *hen house*
il pollo, *fowl*
la porta, *door*
portare, *to carry*
il portico, *porch*
posare, *to put down*
potere, *to be able*
il povero, *poor*
il pranzo, *dinner*
la preghiera, *prayer*
prendere, *to take*
preparare, *to prepare*
presto, *quick*
la prigione, *prison*

prima, *before*
profitto, *profit*
promettere, *to promise*
la promozione, *promotion*
prossimo, a, *next*
protestare, *to protest*
il pubblico, *public, audience*
il pulcino, *chick*
la punta, *point*
il punto, *point, full stop*

Q

qualcuno, *somebody*
quale, *which, what*
quando, *when*
quanto, *how*
quarto, *quarter*
quasi, *almost*
quassù, *up here*
quattro, *four*

R

raccogliere, *to gather*
la raccolta, *harvest*
il ragazzo, *boy*
ragionare, *to reason*
raglio, *bray*
il ramo, *branch*
la razza, *race*
reagire, *to react*
realmente, *really*
recitare, *to recite, to act*
regalare, *to present*
reggere, *to hold*
replicare, *to reply*
restare, *to remain*
la rete, *net*
richiudere, *to shut*
ricco, a, *rich*
la ricompensa, *reward*
ricoprire, *to cover up again*
ricordare, *to remember*
ridere, *to laugh*
ridiventare, *to become again*
rimanere, *to remain*
rimettere, *to put on again*

ringraziare, *to thank*
ripartire, *to leave*
riposarsi, *to rest*
rischiare, *to risk*
risparmiare, *to save*
rispondere, *to answer*
la risposta, *reply*
rispettare, *to respect*
ritornare, *to return*
ritrovare, *to find again*
riuscire, *to succeed*
la riva, *the bank*
rivedere, *to see again*
la rosa, *rose*
rosa, *pink*
rosso, a, *red*
rotto, a, *broken*
rubare, *to steal*
rubato, *stolen*
rumore, *noise*

S

il sacco, *bag*
il sacrificio, *sacrifice*
saldare, *to settle in full*
salire, *to climb*
saltare, *to jump*
il salto, *jump*
salutare, *to greet*
salvarsi, *to save oneself*
salvo, a, *safe*
sano, a, *sound*
sbattere, *to toss*
scappare, *to escape*
le scarpe, *shoes*
scavare, *to dig*
la scena, *scene*
scendere, *to go down*
schiarire, *to make clear*
lo scimmione, *big monkey*
scoppiare, *to explode*
la scorza, *bark*
scritto, a, *written*
scrivere, *to write*
la scuola, *school*
la scusa, *excuse*

se, *if*
il secchio, *bucket*
la sedia, *chair*
seguire, *to follow*
il segno, *sign*
sembrare, *to seem*
sempre, *always*
sentire, *to hear, to feel*
sentirsi, *to feel oneself*
il serpente, *snake*
sì, *yes*
siccome, *as, for*
il signore, *mister*
il significato, *meaning*
la sinistra, *left*
smettere, *to stop*
il soffitto, *ceiling*
sognare, *to dream*
il sogno, *dream*
solamente, *only*
il sole, *sun*
il solletico, *tickling*
solo, *alone*
soltanto, *only*
il somaro, *donkey*
il somarello, *little donkey*
somigliare, *to look like*
la sorellina, *sister*
sorridente, *smiling*
sotto, *under*
spalancare, *to open wide*
la spalla, *shoulder*
sparire, *to disappear*
spaventato, a, *scared*
la spiaggia, *beach*
splendere, *to shine*
spuntare, *to appear*
sputare, *to spit*
stanco, a, *tired*
la stanza, *room*
stare, *to stay*
starnutire, *to sneeze*
lo starnuto, *sneeze*
stasera, *this evening*
stato, *been, stayed*
la stella, *star*
stesso, a, *same*

la storia, *story*
la strada, *road*
strillare, *to shout*
stringere, *to clutch*
studiare, *to study*
lo studio, *study*
studioso, a, *studious*
subito, *at once*
sudare, *to sweat*
sul, *on the*
suoi, *his*
suonare, *to play an instrument*
il suono, *sound*
svanire, *to disappear*
svegliare, *to wake up*
svenuto, a, *fainted*
svogliato, *lazy*

T

tagliare, *to cut*
tagliente, *sharp*
la tagliola, *trap*
il tamburo, *drum*
tanto, i, *much, many*
tardi, *late*
la tasca, *pocket*
il tavolino, *table*
il teatro, *theatre*
la terra, *earth, ground*
terribile, *terrible*
la testa, *head*
ti, *you*
tirare, *to throw*
tirato, *pulled*
il tonno, *tuna fish*
il topo, *mouse*
tormentare, *to torment*
tornare, *to return*
tra, *between*
tre, *three*
tremare, *to tremble*
trenta, *thirty*
triste, *sad*
la tromba, *trumpet*
trovare, *to find*
tu, *you*

tuo, *your*
tutto, i, *all*

U

ubbidire, *to obey*
uccidere, *to kill*
ultimo, a, *last*
uomo, *man*
un, *a, an*
una, *a, an*
l'uovo, *egg*
urlare, *to shout*
uscire, *to go out*
l'uva, *grapes*

V

il vagabondo, *tramp*
vecchio, a, *old*
il vecchio, *old man*
vedere, *to see*
vendere, *to sell*
venire, *to come*
il vento, *wind*
veramente, *really*
vergognarsi, *to be ashamed*
la verità, *truth*
verso, *toward*
il vestito, *dress, suit*
vi, *you*
la via, *street*
viaggiare, *to travel*
vicino, a, *near*
il vicinato, *neighborhood*
il vino, *wine*
visitare, *to visit*
il viso, *face*
la vista, *sight*
visto, a, *seen*
la vite, *vine*
viva, *up with*
vivo, a, *alive*
vivere, *to live*
il vizio, *vice, bad habit*
la voce, *voice*
voi, *you*
volare, *to fly*

77

volere, *to want*
il volo, *flight*
la volpe, *fox*
volta, *time*
il vuoto, *emptiness*
vuoto, a, *empty*

Z

la zampa, *paw*
lo zampetto, *paw*
zoppo, a, *lame*
lo zucchero, *sugar*